U0606929

中华文化风采录

传统建筑艺术

悠远的古街

倪青义 编著

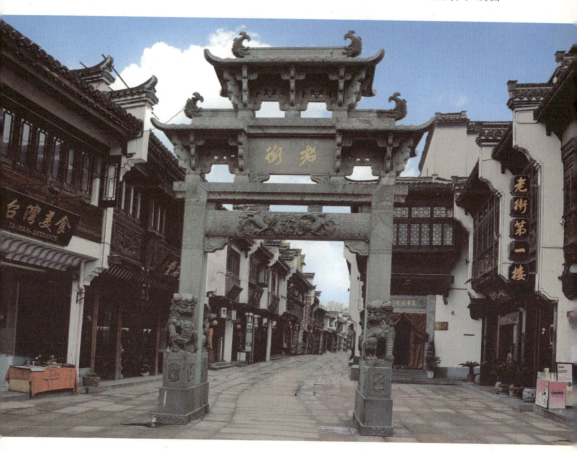

北方妇女儿童出版社
·长春·

图书在版编目(CIP)数据

悠远的古街 / 倪青义编著. 一长春 ： 北方妇女儿
童出版社，2017.1
（传统建筑艺术）
ISBN 978-7-5585-0657-4

Ⅰ．①悠… Ⅱ．①倪… Ⅲ．①城市道路－介绍－中国
Ⅳ．①K928.5

中国版本图书馆CIP数据核字(2016)第311430号

悠远的古街
YOU YUAN DE GU JIE

出 版 人	刘　刚	
策　　划	书　韬	
责任编辑	吴　桐　于佳佳	
开　　本	700mm×1000mm　1/16	
印　　张	6	
字　　数	48千字	
印　　刷	北京荣华世纪印刷有限公司	
版　　次	2017年4月第1版	
印　　次	2017年4月第1次印刷	
出　　版	北方妇女儿童出版社	
发　　行	北方妇女儿童出版社	
地　　址	长春市人民大街4646号	
	邮　编：130021	
电　　话	总编办：0431-85644803	
	发行科：0431-85640624	
定　　价	19.80元	

习近平总书记说："提高国家文化软实力，要努力展示中华文化独特魅力。在5000多年文明发展进程中，中华民族创造了博大精深的灿烂文化，要使中华民族最基本的文化基因与当代文化相适应，与现代社会相协调，以人们喜闻乐见、具有广泛参与性的方式推广开来，把跨越时空、超越国度、富有永恒魅力、具有当代价值的文化精神弘扬起来，把继承传统优秀文化又弘扬时代精神、立足本国又面向世界的当代中国文化创新成果传播出去。"

为此，党和政府十分重视优秀的先进的文化建设，特别是随着经济的腾飞，提出了中国文化复兴的伟大号召。当然，要实现中华文化伟大复兴，首先要站在传统文化前沿，薪火相传，一脉相承，弘扬和发展五千多年来优秀的、光明的、先进的、科学的、文明的和自豪的文化，融合古今中外一切文化精华，构建具有中国特色的现代民族文化，向世界和未来展示中华民族具有独特魅力的文化风采。

中华文化就是居住在中国地域内的中华民族及其祖先所创造的、为中华民族世世代代所继承发展的、具有鲜明民族特色而内涵博大精深的传统优良文化，历史十分悠久，流传非常广泛，在世界上拥有巨大的影响，是世界上唯一绵延不绝而从没中断的古老文化，并始终充满了生机与活力。

浩浩历史长河，熊熊文明薪火，中华文化源远流长，滚滚黄河、滔滔长江是最直接的源头，这两大文化浪涛经过千百年冲刷洗礼和不断交流、融合以及沉淀，最终形成了求同存异、兼收并蓄的辉煌灿烂的中华文明。

中华文化曾是东方文化的摇篮，也是推动整个世界始终发展的动力。早在500年前，中华文化催生了欧洲文艺复兴运动和地理大发现。在200年前，中华文化推动了欧洲启蒙运动和现代思想。中国四大发明先后传到西方，对于促进西方工业社会发展和形成，曾起到了重要作用。中国文化最具博大性和包容性，所以世界各国都已经掀起中国文化热。

中华文化的力量，已经深深熔铸到我们的生命力、创造力和凝聚力中，是我们民族的基因。中华民族的精神，也已深深植根于绵延数千年的优秀文化传统之中，是我们的精神家园。但是，当我们为中华文化而自豪时，也要正视其在近代衰微的历史。相对于五千年的灿烂文化来说，这仅仅是短暂的低潮，是喷薄前的力量积聚。

中国文化博大精深，是中华各族人民5000多年来创造、传承下来的物质文明和精神文明的总和，其内容包罗万象，浩若星汉，具有很强的文化纵深感，蕴含丰富的宝藏。传承和弘扬优秀民族文化传统，保护民族文化遗产，已经受到社会各界重视。这不但对中华民族复兴大业具有深远意义，而且对人类文化多样性保护也是重要贡献。

特别是我国经过伟大的改革开放，已经开始崛起与复兴。但文化是立国之根，大国崛起最终体现在文化的繁荣发达上。特别是当今我国的大国和平崛起之路，必然也是我国文化实现伟大复兴的过程。随着中国文化的软实力增强，能够有力提升我们融入世界的步伐，推动我们为人类进步做出最大贡献。

为此，在有关部门和专家指导下，我们搜集整理了大量古今资料和最新研究成果，特别编撰了本套作品。主要包括传统建筑艺术、千秋圣殿奇观、历来古景风采、古老历史遗产、昔日瑰宝工艺、绝美自然风景、丰富民俗文化、美好生活品质、国粹书画魅力、浩翰经典宝库等，充分显示了中华民族厚重的文化底蕴和强大的民族凝聚力，具有极强的系统性、广博性和规模性。

本套作品全景展现，纵横捭阖，故事讲述，语言通俗，图文并茂，形象直观，古风古雅，格调温馨，具有很强的可读性、欣赏性和知识性，能够让广大读者全面触摸和感受中国文化的内涵与魅力，增强民族自尊心和文化自豪感，并能很好地继承和弘扬中国文化，创造未来中国特色的先进民族文化，引领中华民族走向伟大复兴，在未来世界的舞台上，在中华复兴的绚丽梦乡，展现出具有龙飞凤舞的独特魅力。

明清博物馆——三坊七巷

中国华尔街——平遥南大街

拉萨八廓街

6世纪中叶，藏王松赞干布为了纪念泥婆罗尺尊公主入藏，下令在卧堂湖修建了大昭寺，并在湖边四周修建了4座宫殿，这4座宫殿就是八廓街的最初原形。

大昭寺建成后，吸引了众多朝圣者前来朝拜，久而久之就在大昭寺四周踏出了一条小径，形成了早期的八廓街。

八廓街又名八角街，是拉萨著名的转经道中心，是拉萨宗教、文化乃至西藏风土人情的集结地，被藏族同胞称为"圣路"。

八廓街由来与古建筑

6世纪中叶，美丽的泥婆罗尺尊公主远嫁西藏，成为吐蕃赞普松赞干布的第一位妃子。

松赞干布为了纪念她，并感谢她将佛教带入了西藏，决定修建大昭寺。为了保证工程顺利进展，松赞干布亲自监督工程，他率领王妃们和各位臣子住到了工程附近的涡汤湖。

拉萨大昭寺

松赞干布在涡汤湖旁边修建了一幢名为"曲结颇章"的二层小楼，这就是后来赫赫有名的"法王宫"，是一个简朴的行宫。后来，人们在行宫前建了一个小广场，广场中放置着一个白色的香塔，相传是人们为了给财神爷烧香而特建的，祈求能够保佑自己财源滚滚。

■ 拉萨大昭寺

人们为了表达对赞普的尊敬，又在涡汤湖的北面、东面、东南和西南修建了四处房舍，供松赞干布和他的臣子、嫔妃们居住。

等到大昭寺建成以后，四面八方的游僧和八面的信徒便纷纷前来朝拜。于是，在大昭寺周围就建起了18座家族式的建筑，成为这些远道来朝佛或做买卖商人的落脚之地。

其中，有一个三层建筑叫吐巴，是西藏文字的创制者、松赞干布时期吐蕃最有名望的重臣吞弥·桑布扎的府邸。

位于大昭寺的东北部是木鹿宁巴，也就是旧木鹿寺，吐蕃时期属于藏传佛教的宁玛派，是五世达赖为了解决大昭寺事佛的僧人和高僧的住宿问题而建的。

木鹿寺建筑前低后高，寺前部为僧舍，后部为主殿。主殿第一层为经堂和佛殿。经堂面阔9间，进深7

赞普 吐蕃王号。赞，雄强之意，普，男子，赞普是最高统治者。赞普与群臣每年举行一次小盟，3年举行一次大盟，通过盟誓，使臣下保证世代无条件地效忠王室。吐蕃分裂后，吐蕃各部的首领也称赞普。

悠远的古街

藏历 我国藏族的传统历法。据史料记载，公元前100年之前，藏族就有自己的历法，根据月亮的圆缺来推算日、月、年。7世纪，唐朝的文成公主和金成公主先后入藏，带来唐朝的历法。此后，藏族古历法与汉历、印度历法相结合，至元代时形成了天干、地支、五行合一的独特历法。

■ 拉萨八角古街

间。佛殿为3间，中间佛殿近于正方形，面积近110平方米。

寺院其余三侧则是三层楼高的僧舍，每年藏历十二月二十三至二十九，木鹿寺就会举行盛大的年祭，并跳神舞木如古朵。

木鹿寺有上、下两座密院，是吐蕃法王赤热巴巾赞普创建的，赤热巴巾赞普热衷于倡导并发展佛教，是吐蕃时期著名的"三大法王"之一。

木鹿寺内保存了自五世达赖以来的藏文版大藏经《甘珠尔》和《丹珠尔》的木刻雕版约数万块。此外，还有在十三世达赖时期由藏传佛教著名高僧喜绕嘉措大师亲自负责刊印的藏经《甘珠尔》木刻雕版。

传说在藏王朗达玛灭佛之初，有一位印度高僧班智达曾在木鹿寺闭关潜修财神法，但是修行了好长时间，却迟迟没有应验。于是，恼怒的班智达就拿起身边的禅枕敲击财神像的腹部，就在这个时候，财神像的腹中竟然流出了金子。

■ 拉萨八角街上的大昭寺一角

因此，班智达恭敬地重塑了喀萨巴哩财神像。也就是基于这个原因，主张灭佛的藏王朗达玛封闭了桑耶寺等其他寺院，唯独没有封闭木鹿寺。

位于旧木鹿寺大门西面的色拉达廓，是专供寺庙僧人进出的大门。色拉达廓正对的，是大昭寺中的主佛，也就是释迦牟尼12岁时的等身像，是文成公主入藏时带来的。

藏传佛教弟子最信仰、最崇拜此像，把它作为最大的精神支柱，称此像为觉沃仁波切。

有一幢涂满了黄色颜料的别致二层小楼是达赖密宫，这并不是寺院，而是六世达赖仓央嘉措的秘宫。六世达赖仓央嘉措不仅是西藏历史上一位杰出的宗教精神领袖，还是一位才华横溢的浪漫主义诗人。

相传仓央嘉措为了寻找至尊救世的度母，跋山涉水走遍了藏区。

桑耶寺 又名存想寺、无边寺，始建于8世纪吐蕃王朝时期，是西藏第一座剃度僧人出家的寺院。寺内建筑按佛教的宇宙观进行布局，中心佛殿兼具藏族、汉族、印度三种风格，因此桑耶寺也被称作三样寺。它是藏族文物古迹中历史最悠久的著名寺院，是吐蕃时期最宏伟、最壮丽的建筑。

■ 拉萨八廓街上的庙宇

密宗 又称为真言宗、金刚顶宗、毗卢遮那宗、秘密乘、金刚乘。8世纪时印度的密教，由善无畏、金刚智、不空等祖师传入我国，从此修习传授，形成密宗。密宗讲求密法的奥秘，不经传授不能随意修习并显示给别人，所以被称为密宗。

有一天，他在一个小酒馆里休息，门外有一个月亮般娇美的少女掀帘窥望，这个少女叫玛吉阿米。

仓央嘉措圆寂之后，人们为了纪念他，就将这个小酒馆叫作"玛吉阿米"。玛吉阿米是流传在藏区的一个美丽传说，意为圣洁母亲、纯洁少女，或可引申为美丽的梦。

后来，西藏的达官显贵和文人雅士们经常到这个小酒馆里聚会，这里逐渐形成了一个具有魅力的高雅场所。

这里是一个集中了家庭气息、艺术品位和藏族风格为一体的休闲场所，四周的墙壁贴满了图片、画作和手工艺品，书架上有中外许多著名作家的原作和汉文版的西藏题材书籍。

几百年后，特别是到了15世纪，大昭寺便成为传播佛教的中心，周围也增加了数量庞大的僧舍、宗教学校和小寺庙之类的建筑。很多虔诚信佛的人干脆背起行囊，不远万里到大昭寺附近定居。

随着大批人员的入住，大昭寺周围的服务设施、货摊店堂和手工作坊等开始建立并完善起来，这里进一步发展成为一个集宗教街、观光街、民俗街、文化街、商业街和购物街于一身的街区。

后来，大昭寺宗教地位得到进一步加强。藏传佛教认为，以大昭寺为中心进行顺时针的绕行称为转经，这种转经行动就表示了对供奉在大昭寺内的释迦牟尼佛像的朝拜，于是，大昭寺周围便成为转经道，这里逐渐成藏族人心目中的圣地。

在藏语中"八"意为中，"廓"意为转。沿着大昭寺围墙绕一周称小转，藏语叫惹廓；沿着长方形帕廓街绕一周称中转，藏语叫八廓；沿着拉萨旧城绕一周称大转，藏语叫林廓。八廓街即由此得名。

转经道的出现，证实并维护着大昭寺的中心地位，寺内不仅仅是一座供奉佛像及圣物的殿堂，更是佛教经典中关于宇宙理想模式的现实再现，就是指曼陀罗这一密宗义理。

阅读链接

八廓街在拉萨几乎是家喻户晓，无人不知，但是一提到八廓街，人们总会第一时间将之称为八角街。殊不知，八廓街才是八角街的正确称呼。

据说，当时的拉萨，容纳了来自世界各地的人，尤其是四川人占有很大的比例。在四川方言中，"廓"与"角"的发音很相近，所以四川人就把八廓街误读成八角街了。

后来，一传十，十传百，以讹传讹，人们就将"八廓街"叫作"八角街"了，甚至有很大一部人以为叫"八角街"是因为环形街道有八个角呢。

八廓街是西藏历史的缩影

八廓街上的桅杆

　　八廓街经过多少年的不断扩建发展，最后由八廓东街、八廓西街、八廓南街和八廓北街组成，是一个多边形的街道环，周长约1000多米，街内岔道较多，沿途分布有各种各样的古迹。

　　在转经道的道口上，修建起了一个高高的"觉牙达金"大法轮柱。凡是藏族姑娘年满16岁的时候，就会到"觉牙达金"大桅杆前举行一个庆贺成年的仪式。

　　转经有着特定的时间，

■ 八廓街上供祈福
的转经筒

每至傍晚，原本互不相识的人们就会集结在大昭寺，严格地按照顺时针的方向沿着大昭寺周围环形的道路走下去。

大昭寺周围是藏传佛教信徒们转经的最主要的线路，每天都有佛教信徒来到这里。他们到大昭寺来朝拜佛祖，并在光滑发亮的石道上投下一道道长长短短的影子。

在法王宫北面是一座顶部为红色草墙的三层楼房，是清朝驻藏大臣的衙门。后来从雍正皇帝开始，就派遣驻藏大臣管理西域事宜，直至辛亥革命前，清朝朝廷共派遣了84任驻藏大臣。

在位于转经路的终端有一个小广场叫松曲热，在西藏佛教史上占有重要地位。过去大昭寺举行传召大法会期间，西藏佛教界都要在这里举行盛大的考取拉然巴格西的公开辩经大会。

驻藏大臣 全称是"钦差驻藏办事大臣"，又称"钦命总理西藏事务大臣"，是清朝朝廷派驻西藏的地方行政长官，驻藏大臣代表朝廷同达赖一起监理西藏的地方事务，并设正副各一员，副职称为"帮办大臣"。

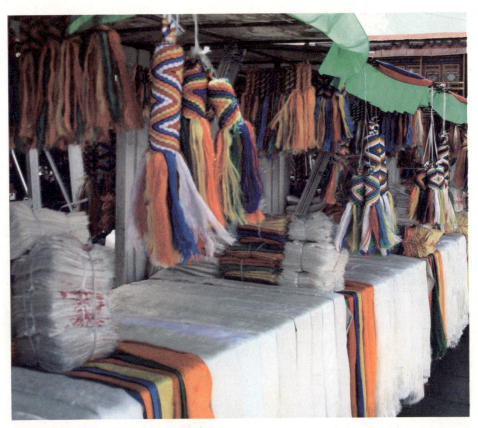

■ 八廓街上的货摊

唐卡 也叫唐嘎、唐喀，指用彩缎装裱后悬挂供奉的宗教卷轴画。唐卡是藏族文化中一种独具特色的绘画艺术形式，题材内容涉及藏族的历史、政治、文化和社会生活等诸多领域，堪称藏民族的百科全书。

夏帽嘎布是八廓街著名的老店，由尼泊尔人巴苏然纳创办。夏帽嘎布意为"白帽子"，因为当时的藏族人都不会叫"巴苏然纳"这个名字，看到他头戴尼泊尔白帽在店中忙着照顾生意，就亲切地叫他"夏帽嘎布"，久而久之，巴苏然纳就将店名改为"夏帽嘎布"。

夏帽嘎布刚开始做羊毛生意，巴苏然纳从拉萨收集各地产的羊毛，运往尼泊尔交换糖果和布匹等生活物资，最终在拉萨创建了西藏第一家羊毛洗涤厂。除了卖羊毛，巴苏然纳还做清油、酥油等生意，获利很大。

雪域唐卡店是一个集中展示唐卡艺术的地方，主人叫次旦朗杰，是西藏著名的唐卡艺术师。唐卡是一种藏族地区的卷轴画，多画于布或纸上，然后用绸缎缝制装裱，上端横轴有细绳便于悬挂，下轴两端饰有精美轴头，画面上覆有薄丝绢及双条彩带。

涉及佛教的唐卡装裱后，一般会请僧人念经加持，并在背面盖上高僧的金汁或朱砂手印。唐卡的绘制极为复杂，用料极其考究，颜料色泽艳丽，经久不褪，具有浓郁的雪域风格。

唐卡在内容上多为西藏宗教、历史、文化艺术和科学技术等，凝聚着藏族人的信仰和智慧，记载着西藏的文明、历史和发展，寄托着藏族人们对佛祖无可比拟的情感和对雪域家乡的无限热爱。

八廓街的外围是相对宽敞的，达官显贵们都将自己的府邸建在八廓街外围。在那个时候，八廓街是拉萨社会生活的一个缩影，包罗万象，无所不有。

在八廓街的街面上到处都是藏式楼房。这些楼房有的白墙红顶，气派宏大；有的披满灰尘，墙体歪斜，简陋残败。

八廓街里既有原来

朱砂 古称"丹"。东汉之后，为寻求长生不老药而兴起的炼丹术，使中国人逐渐开始运用化学方法生产朱砂。朱砂的粉末呈红色，可以经久不褪。我国利用朱砂作为颜料已有悠久的历史。古人把朱砂磨成粉末，涂嵌在甲骨文的刻痕中，以示醒目。后世的皇帝们沿用此法，用朱砂的红色粉末调成红墨水书写批文，称为"朱批"。

■ 八廓街上的商店

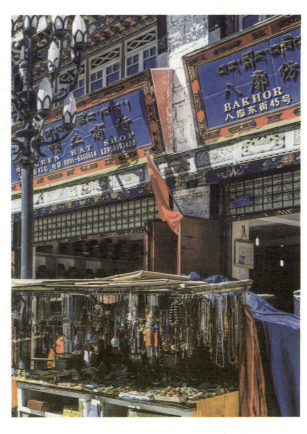

念珠 指佛教徒在念佛号或经咒时用以计数的串珠，是佛教为了摄心一念而拨动计数的工具。串珠用材不一，粒数有18、27、54、108之分。

的噶厦政府、地方法庭、监狱等机构，又有后来的商店、摊点、手工作坊。这里有贵族、僧人、学者，也有木匠、画匠、裁缝等手工艺人和平民。

在小货摊、小帐篷下，是一间间向里伸展进去的小店，在小店里进行着各式各样、丰富多彩的交易。

在八廓街的手工作坊里，人们还生产了氆氇、地毯、藏被等生活用品。可以说，八廓街成为西藏商品、物资的集散地，是藏族文化的"百科全书"。

八廓街保留了拉萨古城的原有风貌，街道由手工打磨的石块铺成，旁边保留了老式藏房建筑。街心有一个巨型香炉，昼夜烟火弥漫。

街道两侧店铺林立，有百余家手工艺品商店和200多个售货摊点，有铜佛、转经筒、酥油灯、经幡

■ 八廓街上的饰品

八廓街上的商品

旗、经文、念珠、贡香、松柏枝等宗教用品。

有卡垫、氆氇、围裙、皮囊、马具、鼻烟壶、火镰、藏被、藏鞋、藏刀、藏帽、酥油、酥油桶、木碗、青稞酒、甜茶、奶渣、风干肉等生活日用品。

还有唐卡绘画、手绢藏毯等手工艺品以及古玩、西藏各地土特产等蕴含民族特色的商品。另外，还有来自印度、尼泊尔、缅甸、克什米尔等地的商品。

街内遗存的名胜古迹众多，有下密院、印经院、席德寺废墟、仓姑尼庵、小清真寺等寺庙和拉康12座。

下密院始建于1433年，距今约570年。系宗喀巴八大弟子中的第七位杰尊·吉饶僧格所创建。下密院主要建筑包括经堂、佛殿、辩经场、印经房等。主殿设在密院中央，坐北朝南，高4层，有房屋70余间。在主殿西边有一辩经场，中为露天场地，周围是回廊建筑，其南与印经房相通。

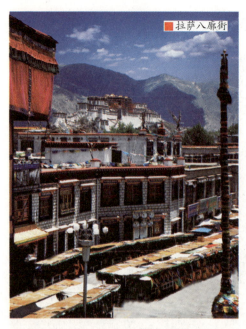
拉萨八廓街

在这里，信徒每天早晚都会绕大昭寺按顺时针方向转经，也成为这里重要的民俗文化景观。在这里，餐饮的主体是藏族风味，饮酒前要敬天、地、神。

这里的餐饮除了主体是藏族风味外，其他饮食种类也很丰富，拥有各种风味的饮食，广东菜、北方菜、湖南菜等都有，最多的是四川菜。

千年八廓街集宗教、文化、商业为一体，是我国乃至世界上最具特色和魅力的历史文化街区之一，是西藏从古至今发展的历史缩影。

阅读链接

释迦牟尼的12岁等身像，最初和8岁等身像都供奉在波斯匿王那里，至印度法王达摩波罗时期，秦王苻坚曾送给达摩波罗3件无价之宝，其中一件是无缝的锦衣，并向达摩波罗求取了一尊殊胜的释迦牟尼佛像，以弘扬华夏佛法。

达摩波罗为了印中两国的友谊，决定将国宝释迦牟尼12岁等身佛像送往中国。当达摩波罗走进供奉释迦牟尼佛像的神殿时，发现这尊本来朝南而坐的圣像，居然面向东方了。达摩波罗想："原来佛祖早就心向华夏了。"

于是，达摩波罗建造了一艘又大又结实的船，船身挂满了旗幡彩带，乐工们演奏着美妙的音乐，将佛像送往东方的秦国。苻坚以最隆重的仪式将释迦牟尼的12岁等神像供奉在用金子镶嵌的宫殿中央。后来，松赞干布迎娶文成公主，文成公主将释迦牟尼12岁等身像带到了拉萨，并供奉在小昭寺。

苏州平江路

2500多年来，苏州古城的城址一直未变，格局尚存，是我国古代城垣的一个活标本。而平江路则是苏州的一条历史老街，位于苏州古城的东北隅，全长1.6千米。

平江路是一条沿河的小路，因在宋、元时期苏州又名平江，故命名为平江路。这里的河路都不宽，在河上行驶的是摇橹船，路上仅可通一辆车而已，故有"水陆并行，河街相邻"的说法。平江路也是苏州古城保存最为完整的一个区域，堪称古城缩影。

始建于宋代的平江古桥

　　南宋绍定二年，就是1229年，由碑刻家李寿明刻绘的《平江图》，是苏州最为古老的一幅城市地图，其中就有平江路这条街道。平江路因苏州又名平江而得名，是当时苏州东半城的主干道。

　　平江路在原有的基础上保留了它河路并行的格局以及肌理和长

夜幕下的苏州平江路

度，小桥流水，粉墙黛瓦，房屋的体量、街道的宽度和河道比例恰当，显示出疏朗淡雅的风格。

■ 苏州平江路上的
特色建筑

因此，平江路一直被人们称为最有水城原味的一处街区，与只有一巷之隔的观前街相比，独特的清静古朴气息和咫尺外的鼎沸喧哗迥然为两个世界。

平江路的路是一条青石板铺就的古老道路，平直通达，中无杂树，左右穿插精致的水巷，阡陌交通，其中很少有商业店铺，往来的人也很少，仍然保持着多年前的娴静与恬淡。

平江河的水呈现出一种碧玉般的绿，似乎还平添了一丝娴静的味道。平江路上的石桥很精致，虽然可以通车，但是很隐蔽。有时一路走过，都未必可以发现脚下流淌过的涓涓细流。

拱桥通常坐落在平江路边的水巷上，一拱似虹。在这里，船和桥不仅仅是人们看风景的工具，而是组

拱桥 我国的拱桥始建于东汉中后期，已有1800多年的历史，拱桥是由伸臂木石梁桥、撑架桥等逐步发展而成的，在形成和发展过程中的外形都是曲的，所以古时也常称为曲桥。在我国古代的一些文献中，还用"囷""窌""窦""瓬"等字来表示拱。

悠远的古街

■ 苏州平江路上的石拱桥

成风景的鲜活器官，也正是有了船和桥的存在，才使得这条条的水巷构成了一个有机的整体。

在平江历史街区的主河道上共有18座桥，绝大多数为梁桥，仅胡相思桥为拱桥。

有些梁桥原本是拱桥，后来由于需要而改建，大部分已经改成钢筋混凝土梁式结构。这些桥大部分保留了原有的名称，并保存着宋代的墩台结构和武康石构件，十分难得。

相传，岳飞曾多次在太湖附近剿匪，战果颇丰。后奉诏回京时，在平江府的马交桥附近遇到了皇帝派来的钦差，要将岳飞捉拿回临安。

当时，在岳飞身边有两员大将，一是张保，号称马前张保；一是王横，号称马后王横。王横从马后走上前去阻止，却被当时朝廷派来的钦差喝令乱刀斩于桥上，血溅当场。

后来，岳飞在风波亭遇害，苏州百姓思念忠臣，

■ 平江路上的马交桥

就来到马交桥，想起当日岳飞曾在这里经过，又看到石头上的斑驳血迹，就将石块珍藏了起来。

宋孝宗时期，岳飞的冤案得以昭雪，平江府的百姓就将那块石头凿成一尊石像，并在王横殉难的桥上修建了一座小庙，将石像供奉起来。

因为马交桥上的马茭草沾染上了王横的鲜血，朱红一片，所以人们就将桥叫作朱马茭桥。朱马茭桥为花岗石梁桥，桥面以6条石梁并列而成，桥长6米，宽4米，高2米。

唐家桥是平江路上一座跨河的梁式石桥，桥上有一圆一方两个桥孔，与胡相思桥互为犄角。唐家桥也可以在宋代的《平江图》中找到踪迹，桥长4.4米，宽3.5米，跨2.7米，高1.9米。

桥面为6条石梁并列而成，其中两条为武康石，4

■ 苏州平江的胡相思桥

六道 佛学术语，指天道、阿修罗道、人道、畜生道、饿鬼道、地狱道。其中上三道为三善道，因其业力较善良而得名。下三道为三恶道，因其业力较惨恶得名。佛教认为，一切处于分段生死的众生，皆在此六道中轮回。轮回理论是佛教的基本理论之一。

条为花岗石。桥台两边立武康石条柱，中间横叠花岗石条。

胡相思桥是平江河古桥中最能诱发人想象力的一座桥，也是平江历史街区唯一的拱式单孔石桥。宋代的《平江图》有所绘制，不过当时名为"胡厢使桥"，据记载，厢使是宋代设置的一种官职，负责处理治安和民间纠纷。至于什么时候开始转化为胡相思桥，就不得而知了。

胡相思桥全长14米，净跨4.1米，中宽3.2米，矢高2.9米。桥的拱券采用纵联分节并列式砌置，又称"连锁法"，苏州清代的石拱桥大多是采用这种方法。

条石栏板的南、北两侧都镌刻了"重建胡相思桥"6个字，桥孔两旁的明柱上则镌刻了"乾隆九年署元和县正堂加六级张曰谋重建"等字样。

胡相思桥的桥面中心石板上浮雕着轮回纹，意在宣扬佛教"生死六道轮回"的观念，劝诫人们及时行善积德。桥孔拱券的外沿还有一圈凸起的拱眉石，增强了桥的立体感。

胡相思桥是一座典型的清代花岗石拱桥，金刚石墙体上夹杂的青石和武康石却有着悠久的历史记录，在桥南侧的金刚石墙上有一方"桥神土地"刻石。根据清朝所著的《吴门表隐》记载：

崇正宫桥南塑桥神、喜神、宅神、井神、灶神、厕神，皆出名手，肖像如生。

说明以前在民间一直都有祭祀桥神的习俗，胡相思桥上的"桥神土地"已是极为罕见的遗迹了。

苏军桥又称苏锦桥，俗称青石桥，是座单跨石梁桥，东接卫道观，西接南石子街。宋代的《平江图》有绘制，从桥身上叠砌的武康石、青石和花岗石3种石料可以得知这座桥具有悠久的历史。

苏军桥桥长7.5米，跨2.5米，宽2.6米，高2米。栏杆为花岗石材质，桥面由5条花岗石梁并列而成，桥西的南、

江苏青石桥

■ 平江路上的石桥

北两侧有一宽一窄的河埠。北河埠已被后来修筑的河岸石栏拦断而废弃，南河埠仍然可以拾级而下。桥东北有一幢古色古香的临河小楼，与古桥相映成趣。

苏军桥再往北百余米，一座与平江路和平江河并行的石梁小桥叫作小新桥，与被称为大新桥的众安桥呈犄角之势，形成"双桥"和"三步两桥"的格局。

小新桥又名新桥，在宋代的《平江图》中被称为北张家桥，在清同治年间的《苏州府志》中改名为新桥。

通利桥距离小新桥不到百米，单跨石梁的通利桥与朱马交桥相衔而成为"双桥"格局，曾于1814年进行过修葺。

通利桥的桥长6.4米，跨2.8米，宽3.5米，高2.4米。桥身主要以花岗石构筑，桥面由6条并列的石梁组成，其中两条为宽约0.4米的武康石，为宋代遗物。桥台立有石排柱，桥栏为简洁的通长条石构筑。

通利桥两边的桥台并不相等，西桥台有长长的缓坡引桥，有一种不对称的美感。

通利桥所在的地段，既是两条河道的汇流处，也是两座桥的直角相连处，所以就将通利桥的西引桥延长，在桥畔形成一个河湾，供往来的船只停泊、转弯和掉头。

相传在通利桥的桥孔中原有一段宋代的题记刻石，镌刻着如下文字：

星桥、朱马茭桥，年深坍坏，蒙运判府郑侍郎助钱三千贯，提举宝章判部赵郎中助钱二千贯，长洲判县龚郎中助钱一千五百贯，并系十七界会重行展阔建造。劝缘崇禧、上官古史、干缘碧云庵僧守常，淳祐十年十一月朔题。

士绅　又称缙绅、乡绅、绅士，出现较晚，但内涵较宽，主要是指在朝并享有一定政治和经济特权的知识群体，它包括科举功名之士、退居乡里的官员和退隐的官僚的亲戚，虽然没有政权，但是非常有势力。绅士在朝为官时，称为官绅，捐来的生员、举人，称为商绅。

■ 苏州平江路上的潘家桥

据此可以得知，古代造桥修路的事宜大多都是由僧人发起和主持的，费用来自官员、士绅和商民百姓的捐助。

积庆桥跨平江河，桥名与宋代的《平江图》一致，俗称吉庆桥。积庆桥的桥宽7.1米，长6.9米，单孔，跨度5.3米。

雪糕桥在宋代的《平江图》中也有绘制。相传有一位书生家住桥西肖家巷，非常孝顺，但生活非常困窘。一年冬天，大雪飞扬，病重中的母亲呓语要吃糕。但是恰逢家中断粮，哪里还有粮食为母亲做糕呢？不得已，书生只好含泪把雪捏成糕状拿给老母看，聊以安慰。

谁知当雪糕送到母亲面前时，竟然真的变成了一块热气腾腾、香味儿诱人的米糕，人们都说这是观音菩萨显灵的结果，桥上也凭空多出个观音堂来。书生故去后，乡邻凑钱将他安葬在桥的附近，这座小桥也就称为雪糕桥。

雪糕桥的桥长5.8米，跨3.6米，宽3米，高2米。桥面以5条花岗石梁并列而成，其下长系石上留有搁置托木的凹槽。桥台由4根条石组成排柱，青石与花岗石混杂在一起。桥面上原先建有一座观音堂，俗称

苏州平江路上的石拱桥

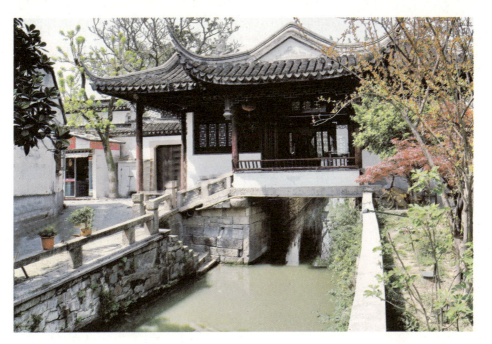

桥驮庙。

■ 苏州平江路上的
潘家桥

　　思婆桥是一座单跨石梁的东西向古桥，在宋代的
《平江图》中已有此桥，名为寺东桥，因为桥西有唐
代古刹资寿寺而得名。

　　据说，因为资寿寺是座庵堂，每天都会有尼姑从
这座桥上经过，尼姑俗称"师婆"，属于"三姑六
婆"之一，所以此桥早先也就叫师婆桥，后来讹传为
思婆桥。

　　思婆桥的桥长11.2米，跨4.4米，宽3米，高2.9
米。桥面以4条宽0.5米的花岗石梁并列而成，桥栏是
高约0.4米的不加雕饰的长条花岗石，可供过桥人坐在
桥顶上休息赏景，东西两坡各有10级石阶。

　　石栏外侧横刻着楷体大字"重修思婆桥"，桥台
南侧石柱上刻有"嘉庆乙丑四月"等字样，北侧石柱上
刻有"里人"等字样，都是在1805年重修时留下的。

尼姑 也称比丘
尼，意译为乞士
女、除女、除馑
女或薰女，也称
沙门尼或简称
尼、尼僧等，我
国对比丘尼的俗
称则为尼姑。尼
姑是指归入佛
门，受持具足戒
的女子。尼姑最
早出现于南北朝
时期。后尊称尼
姑为"法师"，
表示尊其佛法造
诣的高深。

癸亥 为干支之一，顺序为第60个。前一位是壬戌，后一位是甲子。论阴阳五行，天干之癸属阴之水，地支之亥属阴之水，是比例和好的意思。常见于风水学。也指我国传统纪年农历中干支纪年的一个循环，即第60年称为"癸亥年"。

■ 苏州平江路上的思婆桥

思婆桥历史悠久，曾进行过多次修葺，桥身还保留着许多比花岗石更早用于造桥的武康石和青石。尤其是主要结构桥台的排柱以及两头雕有灵芝和宝莲的长系石都为武康石，从材质、结构和雕刻看应是宋代遗物，证明思婆桥至少有七八百年的历史了。桥西北的金刚墙上还嵌有青石碑一通，字迹已经漫漶不清。

寿安桥在思婆桥北面三四十米处，是座单跨石梁桥，在宋代的《平江图》中称寺后桥，因为桥位于资寿寺的后方。清初称资福桥，同治时改名寿安桥。

寿安桥的桥长4.4米，跨3.8米，宽4米，高2.3米。桥面主要由6条石梁并列而成，南侧边梁及北侧第二根梁为武康石梁，其余的4条为花岗石梁呈现深浅不一的色彩。

东西桥台排柱各由5条武康石组成，镌有"癸亥""拾两"等捐银题字，为宋代建构。寿安桥的石梁保存明以前古制，略有拱势，即下部平直，上部两端稍低，当中微隆，远远望去，造型十分流畅。

这些桥大多跨水架设，意境非常优美，桥上雕琢装饰千姿百态，也是体现我国审美观的一种民族传统。桥的建筑不论大小，工艺都精益求精，如同一幅图画，不许有一处败笔，虽历经百年，但依然焕发着惊人的魅力。

阅读链接

明朝年间，平江河西面住着一户胡姓人家，是苏州城有名的大户人家。胡老爷的女儿胡小姐喜欢上了隔河相望的书生，古代讲究门当户对，胡老爷看书生一脸穷酸相，坚决反对，并将小姐锁在厢房中，私自给小姐定下了一门亲事。

出嫁这天，胡小姐装扮妥当，只是满脸泪痕，走到花轿门口，胡小姐突然跑到平江江畔，望着书生家一头栽进了河水中。胡夫人见状，忙去抓女儿的手，一个踉跄也消失在河水中。

隔岸的书生见心爱的人投河而亡，也一头扎进了滔滔的河水中。胡老爷看见因为自己所谓的门当户对，落个家破人亡的下场。思量万千的他，拿出自己的家财在胡小姐和书生投水的地方修了一座石桥，取名为胡相思桥。

依河而建的市巷旧貌

苏州平江路上的潘宅

在平江路两边，鳞次栉比地保留着许多规模宏大、结构规整的传统民居建筑，它们布局得轴线清晰，层层递进，装饰古朴典雅，工艺精致，反映了江南民居的文化特色。

在平江路，有一个特别的存在，那就是一间像条船一样的房子，叫作"船屋"，船屋面积约有700多平方米，建于清朝嘉庆年间，仍完好地保存着雕花门窗和木质地板，十分珍贵。

■ 潘宅礼耕堂

礼耕堂潘宅是苏州古城内留存不多的清朝前期建筑，为徽商潘麟兆家族所有。礼耕堂潘宅坐北朝南，以封闭式的院落为单位，一共五落六进，建筑面积6700多平方米，建有门厅、大厅及三进楼厅。

建筑群以大厅为中线，但略略偏重于东侧，全部为粉墙黛瓦，以白、灰两色为主色基调，屋宇都为木梁架结构，高大敞亮，峻严大气。

轿厅是旧时用来停放轿子或轿夫、船工休息的地方，后有石库门可以通向后面大厅。

高悬"礼耕堂"匾额的大厅面阔五间，高约18米，进深14米左右，是我国为数不多的大型古建厅堂。厅前横贯廊庑，顶部有"一枝香"翻轩。

步柱间开设14扇落地长窗。前檐挑檩头雕有水浪、龙头、鲤鱼，内檐雕灵芝梁垫，构思独特、精

徽商　即徽州商人，旧徽州府籍的商人或商人集团的总称。徽商又称"新安商人"，俗称"徽帮"。徽商萌生于东晋，成长于唐宋，盛于明代。徽商是中国十大商帮之一，鼎盛时期徽商曾经占有全国总资产的4/7，亦儒亦商，辛勤力耕，赢得了"徽骆驼"的美称。

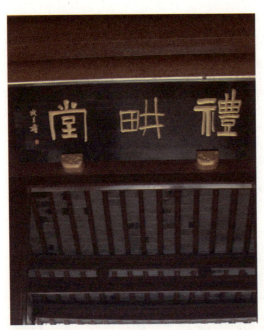

悠远的古街

■潘宅礼耕堂

氍毹 在明代，氍毹逐渐演变为对舞台的俗称。当时昆曲盛行，江南官员富户蓄优成风，时称"家乐"或"家班"，在家中习演昆曲。而演出多在厅堂中所铺的红地毯上进行，久而久之则成风俗。这类演出形式到清中后渐衰，但用"氍毹"称舞台则成为定制，一直沿袭。

致、巧妙，图案简洁而饱满。

大厅前后设置"船篷"轩，中间为四界大梁，梁架间有精雕细刻的棹木共计8组16方，上面镌刻了各种民间故事和成语典故的图案。厅后并排有22扇屏门，可以通向后院。

大厅是主人行礼仪、接待宾客的地方。过去大户人家每逢有喜庆之事，就会在大厅中央铺设氍毹，张灯结彩，邀请戏班前来演剧。大厅内的东西两侧安装有木制隔障，戏班演出的时候可以撤除隔障，改挂细帘，好让女宾在帘内看戏。

后堂楼为五开间两厢楼，为生活起居之所，采用重檐式建筑。

楼下构有鹤胫轩和船篷轩，雕有各种花卉，寓意吉祥如意，虽已年久失修，但仍然清晰可辨。

大厅左、右两侧为东、西备弄，与东备弄一弄相隔，建有一座两层的花厅，名叫"半砚斋"，它面阔11米，进深13米，可以分为两个部分。前部用来会客和举行小型演出，后部较小，专供小憩或读书之用。

半砚斋的东南角是"稼秫堂"，该堂清静雅致，处于一个相对封闭的院落中，可从正南库门进入，门上原有砖雕门楼一座，刻有"艺苑口芳"四个字，堂前主要为四合石板大天井，在天井的两侧是一间戏房。堂内中部和东、西两侧的厅翼为观众席，厅翼上是阁楼，置屏门14扇。

稼秣堂的东面，有一处小巧精致、花石典雅的花园，面积虽然不大，但是山势起伏，古木婆娑，趣意十足。假山叠有"水帘洞"，上有形似唐僧师徒、观音、鲤鱼、四不像等奇石数块，洞内还有自然形成的"福、禄、寿"等字样。

花园北面的鸳鸯厅是我国保留不多的全楠木大厅，十分珍贵。鸳鸯厅可以分为南、北两半，一为圆形，一为扁圆形，相互映衬，称之为鸳鸯厅，构架和装修全部采用楠木。因为楠木身价昂贵，往往用来彰显主人的身份和地位。

砖雕艺术在传统建筑上应用非常广泛，是苏州民居的一大特色。砖雕艺人往往通过所雕塑的花卉、鸟

屏门 用来遮隔内外院或遮隔正院或跨院的门，一般用于垂花门的后檐柱、室内明间后金柱间、大门后檐柱、庭院内的随墙门上，因起屏风作用，所以称为屏门。我国潮汕地区传统建筑中的屏门主要起隔断的作用，每套由6扇~10扇组成，具体视空间跨度而定，形制灵活多变。

■ 潘宅之召稼楼

■ 苏州平江路河道旁的老宅

兽、人物等反映人们祈求和平、吉祥、安宁的愿望。

由于砖的质地的关系,一般图案结构不甚复杂,但严谨饱满,以多变的形式来突出它古拙朴实的风格,达到庄重典雅的效果。

礼耕堂潘宅原有8座砖雕门楼,其中3座最为精致,它们分别位于轿厅、大厅和堂楼前。这3座砖雕门楼宽3米左右,构图严谨,雕工精细,均属砖雕中的上品。

轿厅前门楼镌刻着"居德斯颐"4个字,大厅前门楼镌刻着"秉经酌雅"4个字。四周镶有以蝙蝠、荷叶、灵芝、牡丹等图案,寓意洪福齐天、富贵吉祥等。

整体造型美观大方、有繁有简、错落有致,充分体现了苏州能工巧匠精雕细琢的功力,技艺高超。

第四进堂楼前的砖雕门楼题额为"旭丽风和",

雕刻最为精美。檐下饰有回纹挂落,斗拱两跳,枫拱镂雕着各式花草。整体采用立体镂雕工艺,雕饰凸出画面。

上枋、下枋、兜肚、垂柱及两侧山面雕满四季花卉,两边雕着梅兰竹菊、荷桂等花,还雕有石榴、灵芝、佛手、寿桃等,烘托着中央的百花之王牡丹,真是美轮美奂,千姿百态,又显尽古朴之风。

最为人称道的是左右垂柱定盘枋各雕饰有一只栩栩如生的蟾蜍,憨态可掬,煞是可爱。蟾蜍是我国历史上祈嗣活动的吉祥物,深受百姓喜爱,刻在门楼上是希望它起到镇邪的作用,保护家人的平安。

门楼脊头镂雕着蝙蝠流云和飞龙流云,寓意"福到"和"龙腾虎跃",那雕塑的云彩于白墙间朝外微微凸出,十分逼真。

平江路周围还有大批老式民宅,有唐纳故居、钱

■ 苏州平江路上的民宅大门

033

古城的缩影

苏州平江路

蟾蜍 在我国古神话中认为月亮中有蟾蜍,故称月为蟾,并以蟾宫指月宫,寓意长寿。此外,蟾蜍被赋予了防御兵器的功能。蟾蜍还寓意财源兴盛,生活幸福美好。民间也有"刘海戏金蟾"的传统寓意,认为得之可致富。

洪钧（1839年~1893年），清末著名的外交家。同治年间中状元，任翰林院修撰。后出任湖北学政，主持陕西、山东乡试，并视学江西。1881年任内阁学士，官至兵部左侍郎。1889年至1892年任清廷驻俄、德、奥、荷四国大臣。

伯煊故居、潘祖荫故居、潘隅芬故居、潘世恩故居、洪钧故居、郭绍虞故居和顾颉刚故居等，这些故居安静地矗立在江岸两边，述说着先辈的往事，彰显着江南独特的建筑魅力。

这些建筑多依河而建，一些年代久远的老房子，白墙青瓦，木栅花窗，木料多用棕红或棕黑色，清淡分明。外墙虽然多已斑驳，但是如丹青淡剥。墙面剥落处又攀生出许多藤萝蔓草，随风摇曳，神采灵动。

江南匠人心思玲珑，他们把园林的美学应用到了日常生活中，河道婉转，房屋便靠在回廊、小桥、花木之间，彼此借景掩映，始终如画。偶然有一棵桃树斜斜地送到河面上，大有取凌波的意味。河道窄处，两岸援手可握，宽处也仅可容一船周转罢了。

经过历代的发展和扩建，在与平江路垂直相接的地段逐渐形成了许多狭小的街巷，有狮林寺巷、传芳巷、东花桥巷、曹胡徐巷、大新桥巷、卫道观前、中张家巷、大儒巷、萧家巷、钮家巷等。这些巷子高高的垣墙夹着曲折的街巷，颇有些曲径通幽的意境。

从平江路向南，几步之遥就能够听到悠扬的古琴声，是从一家琴馆里面发出的。走进中张家巷，没有几步，又是一

■ 依河而建的古代建筑

■ 苏州平江路上的
潘儒巷

种稀奇热闹的江南丝竹之声，循声向前，则是一家书场，看台上的人说噱弹唱，好不热闹。

从书场转出，再往巷子深处走，则是一处崇脊筒瓦，牌匾显赫，还挂着大红灯笼的建筑，建筑庭院里十分宽畅，有石板铺地，两边是厢楼，北为朝南的大厅，南面正中是一个古戏台。

据说，这个建筑物原先是全晋会馆，由清末寓居苏州的山西商人所建，不专为生意洽谈，仿佛在他们眼中，只有边喝茶听戏边交流才是洽谈的正道。

戏台的天花板上不辞繁复地用藻纹装饰出窟窿形顶，状凹如井，顶端置一枚大铜镜，周围数百只浅雕黑色蝙蝠与数百朵金黄色云头圆雕相依相绕，蝙蝠与祥云盘旋而上，直送到那铜镜片上。

藻井的设计却别有妙用，它仿佛一个共鸣箱，演出时，能使演员发出的声音向上聚集，声音顿时变得洪亮圆润，余音更能绕梁不绝。

之后，平江路曾有过多次细致的保护和改造，却

古琴 也称瑶琴、玉琴、七弦琴，是我国最古老的弹拨乐器之一，在孔子时期就已盛行，距今有4000余年。据《史记》记载，琴的出现不晚于尧舜时期。后来，为了和西方乐器进行区别，才被称作古琴。古琴是一直都鸣响在书斋、舞台上的古老乐器。

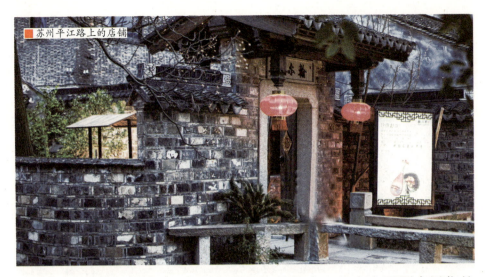
■苏州平江路上的店铺

只是修复原有的旧牌额。沿街很多老旧的住宅已经失去了原来居住的作用，只是外表看起来并不张扬，悄悄掩隐在木制的门板之下，乍看起来和一般的民宅并没有什么区别，只有从格外精致的雕花门廊上还可以窥出些端倪。

与同是苏州老街的山塘街相比，平江路少了份商业气息，保住了市巷旧貌，更大限度地留住了民俗风情，述说着平江路的风华。

阅读链接

洪钧是清朝时期的一位状元，相传洪钧是在返乡奔丧的路上，看到了在秦淮河上卖唱的赛金花，一见倾心，于是就把她纳为妾。1890年盛夏，洪钧作为清朝政府的公使，带着赛金花一起远赴欧洲，由于赛金花年轻美貌，长于辞令，能够讲一口流利的外语，很快就闻名于欧洲上流社会，成为我国第一代"交际花"。

后来，他们回到苏州，回到平江路。洪钧去世后，赛金花曾作为青楼女子而闻名于上海，也曾在八国联军入侵北京后起到了劝说联军统帅，保护北京人民的作用，从而成为一代传奇人物。人们走在平江路上，有时候总会觉得不知在哪个街巷上，就会走出风韵优雅的赛金花来呢！

三坊七巷

三坊七巷地处福建省福州市中心，总占地面积约为38万平方米，基本保留了唐宋的坊巷格局，大多在宋朝时期定下坊巷之名，有保存较好的明清古建筑159座，被誉为"明清建筑博物馆""城市里坊制度的活化石"。

三坊七巷是福州南后街从北到南依次排列的10条坊巷的简称，向西3片称"坊"，向东7条称"巷"。此街区是我国十大历史文化名街之一，也是福建地区保存最完整、最著名的坊巷，十分珍贵。

名士辈出的坊巷院落

　　福州又名榕城，从汉朝开始，福州先后建成了冶城和子城等6个城垣，并由北向南逐渐扩展。

　　布局以屏山为屏障，于山和乌山两山相互对峙，以南后街为中轴，两侧对称成坊成巷，逐步演变成三坊和七巷组成一条街的格局。

自唐以后，福州的政治、经济、文化迅速发展起来，唐昭宗李晔命王审知在福州建造了罗城，罗城南面以安泰河为界，政治中心与贵族区居城北，平民居住区及商业区居城南，分段围墙，同时强调中轴对称。这些居民区成坊成巷，逐渐形成了三坊七巷的格局。

三坊七巷人杰地灵，历代众多著名的政治家、军事家、文学家、诗人等都从这里走向辉煌，有的从坊名和巷名就可看出他们当年的风姿和荣耀。

■宫巷牌坊

宫巷原名仙居巷，是因巷内建有紫极宫而得名。宫巷里的住宅结构十分精巧，单是室内的木雕石刻构件就令人叹为观止。如漏花窗户采用镂空精雕，榫接而成，通过精心编排木格的骨骼而形成精美、丰富的图案装饰。

在木穿斗、插斗、童柱、月梁等部件上的装饰都是精雕细刻，各种精巧生动的石刻在柱础、台阶、门框、花座、柱杆上随处可见，是福州古建筑艺术的集大成者。

宫巷北侧为林聪彝的家宅，1645年唐王朱聿键在福州即帝位时，将此处设为大理寺衙门。道光年间，被林则徐的次子林聪彝所购置，晚年后一直居住在这

朱聿键（1602年~1646年），小字长寿，南明第二任君主，为明太祖朱元璋第二十三子唐王朱桱的八世孙。谥号为配天至道弘毅肃穆思文烈武敏仁广孝襄皇帝。他在郑芝龙、黄道周等人扶持下于福州登基称帝，改元为隆武。他即位后，收复失地，出兵北伐。1646年，绝食而亡，享年44岁。

悠远的古街

校书郎 官名，负责校雠典籍，订正讹误。东汉时，征召学士至兰台或东观宫中藏书处校勘典籍，其职为郎中者，称校书郎中，亦称校书郎。三国时魏国秘书省始置校书郎，司校勘宫中所藏典籍诸事。唐朝的秘书省与弘文馆都设置该职位，宋代属秘书省，金元时属秘书监，明清时废此官职。

里，直至病终。

林聪彝的家宅气魄恢宏，庭院深深，活动空间十分宽广，在福州的古家宅中非常罕见。

家宅坐北朝南，占地面积3000平方米左右。临街设有6扇大门，为木构架结构，斗拱、雀替、悬钟等雕刻精致，墙檐下有精美的灰塑雕像。

主座四进，第一进南面照墙上堆塑有獬豸图案，为明朝时大理寺衙门的标志。各进之间隔以高墙，过道设有亭阁遮雨，每进东边都有小门通往东墙外的花厅和园林，往来非常方便。

园林布局宽广，建有榕树、竹林、花坛、鱼池、拱桥等，景色宜人，其中小叶榕尤为珍贵。园林西北面建有后花厅，木架结构，梁柱粗壮硕大，檐下悬钟雕刻有佛手等柱头，精巧雅致。

黄巷与南后街相隔，与衣锦坊东、西相连。据记

■ 三坊七巷的巷道

载，晋永嘉年间，闽国公黄元方曾落户于福州南后街，故称为黄巷。

至唐朝末年，崇文官校书郎黄璞退隐之后也居住在这里。

黄巢军入福州的时候，因为闻黄璞的大名，所以命将士们灭烛夜过黄巷，以免打扰黄家的休息，从此黄巷名声大振。

黄巷中段的北侧为黄楼，由唐代进士、崇文阁校书郎黄璞所建。黄楼为双层楼阁，面阔3间，进深

黄巷牌坊

明清博物馆

5柱，穿斗式木构架，梁架上描龙绘凤，楹门窗户都为楠木所制，选材珍贵，做工讲究，雕刻精细。

楼上走廊两侧出挑露台，通连假山，楼两侧靠墙是糯米与三合土制成的雪洞。

楼前为一通天井，与对面太湖石垒成的假山和鱼池相映成趣，一座拱形的小石桥跨越其上，桥栏板上刻有"知鱼乐处"4个字，鱼池水清见底，群鱼游弋。

东侧为一座半边凉亭，垂柱上刻有松鼠、燕雀、蜻蜓、谷穗、玉米等，凉亭四周挂有12个悬钟，各尽其致。庭内修竹数行，花木扶疏，环境清幽，格调高雅。

巷内历代多住有儒林学士，人文荟萃，是文化名人和社会名流的

悠远的古街

■ 三坊七巷的石桥

进士 我国古代科举制度中，通过最后一级中央政府朝廷的考试者，称为进士，意为可以进授爵位之人。隋炀帝大业年间始置进士科目，唐代也设此科，凡应试者谓之举进士，中试者皆称进士。元、明、清时，贡士经殿试后，及第者皆赐出身，称进士。

集居地。清朝的知府林文英、榜眼林枝春、巡抚李馥、楹联大师梁章钜、进士陈寿棋和赵新等，都曾居住在巷内。

位于黄巷东段北侧的是郭柏荫家宅，俗称"五子登科"宅第，明、清两朝的建筑风格明显，始建于明朝，原为福州衙门所在地，清道光年间，进士郭柏荫显贵后购置重修，世代居住。郭柏荫的父亲郭阶三，生有五子，皆登科第，所以在宅前悬挂有"五子登科"的牌匾。

宅第总建筑面积为2130平方米，主座建筑前后三进，坐北朝南，四周围有围墙，宅第的门面非常壮观，东西间距可达20多米。

第一进为厅堂，面阔5间，进深7柱，扛梁减柱造木构架，前廊宽敞，厅中留有28根大木柱，用材硕大，显得雄伟。二进结构与一进相同，过后为天井。

东墙外为花厅园林，庭院内有造型别致的假山、水清见底的鱼池、小巧玲珑的花亭以及错落有致的树木等，颇具江南园林的韵味，其中还保留了一棵珍贵的古羊婆树。

吉庇巷俗称"吉避巷"。传说在宋朝时，郑性之高中状元之后便衣锦还乡，巷中曾经看不起他而又凌辱过他的居民听说后避而不出，所以戏称为"急避巷"。明代之后取谐音改为"吉庇巷"，寓意吉祥如意。

吉庇巷北侧有谢家祠，建于明代，坐北朝南，占地面积1025平方米。谢家祠前后四进，前为浅面厅，青石框大门为主座，门楣上有一对青石的门簪，为明朝的规制，极为少见。

主体建筑用材硕大，三面环廊，当中天井，全部用条石铺砌。墙檐下塑有"八仙过海""双狮戏球"等图饰。花厅小巧玲珑，旧时为书斋。祠内还完整地保存了两块"武魁"牌匾。

衣锦坊是三坊中的第一坊，又名通潮巷。据清朝时期的《榕城考

三坊七巷的民居

■ 民居内的天井

提刑 官名，是
提点刑狱公事的
简称，或称提点
刑狱。宋朝开始
设此官职，主管
各州的司法、刑
狱，监察地方官
吏并劝课农桑。
提刑官的设置有
助于加强中央集
权，也非常有效
地监督了刑狱、
诉讼，平反冤
案，打击不法官
吏，起到了缓和
社会矛盾的作
用。

古略》记载，宋朝的文人陆蕴、陆藻兄弟就居住在这
里，名为禄锦坊，后来南宋文人王益祥被任命为江东
提刑之后，更名为衣锦坊。

这些都是说坊内有人出仕做大官衣锦还乡之后而
荣耀乡里，因为这个地方是水网地区，福州西湖和南
湖的潮水可以通到这个坊巷的沟渠里，所以坊名也一
度被改为通潮。

在衣锦坊东口北侧有全坊最大的宅院，创建于明
万历年间，原是郑姓人家的住宅，至清道光年间为巡
抚孙翼谋家族所有，以后长期都有孙氏子孙居住。经
过多次重修，成为3座毗连的深宅大院。

从西而东，第一座为主座大院，第二座为别院，
第三座为花厅园林。厅堂面阔3间，进深7柱，别院采
用明三暗五的格局。每进东侧都有小门通往别院，别

院由书斋、佛堂、厨房、饭厅、库房等组成，再往东又有小门通第三座花厅园林。

花厅的最大特色就是建有水榭戏台，是福州市仅存的一个水榭戏台，是府内喜庆时举行宴会的重要场所。水池面积60平方米，池底涌泉，长年不涸，池内养有金鱼、鲫鱼、龟鳖等水生物。

建在池上的水榭戏台，坐南朝北，是一个木构的单层平台，4柱单开间。内顶上方形有藻井，中刻团鹤，周饰蝙蝠，象征福寿双全。

戏台三面临水，中隔天井，面对楼阁，拾音特别好，在这个地方观看戏剧演出，水清、风清、音清，极具声学和美学价值。

戏台正对面建有双层的楼阁，可供聚会、看戏或登高望远。墙头、檐下、屋脊所塑花边纹饰等都是精

天井 四面有房屋、三面有房屋，另一面有围墙或两面有房屋而另两面有围墙时中间的空地。是南方房屋结构中的组成部分，一般为单进或多进房屋中前后正间中，两边为厢房包围，宽与正间同，进深与厢房等长，地面用青砖嵌铺的空地，因面积较小，光线为高屋围堵显得较暗，状如深井，故名。

明清博物馆

三坊七巷

■ 郑姓宅院里的水榭戏台

工细做而成，造型独特，别具一格。

　　文儒坊是三坊的第二坊，初名为儒林，后因宋朝的祭酒郑穆居住在这个地方，所以更名为文儒坊。

　　郑穆任国监祭酒，是宋朝最高学府的重要官员，从三品官附。明朝的抗倭名将张经、清朝名将甘国宝、被誉为"民进士"的清朝人陈承裘的家宅也在坊内，是一座坐北朝南的大宅，这条坊因历代文儒辈出而闻名全国。

　　光禄坊是三坊中的第三坊。光禄坊内曾经建有一座法祥院，俗称"闽山保福寺"。当时的福州郡守程师孟经常到这里吟诗游览，僧人就在石头上刻了"光禄吟台"4个字，他为了感谢僧人，就作诗一首：

永日清阴喜独来，野僧题石作吟台。

无诗可比颜光禄，每忆登临却自回。

　　光禄坊的名字也因此而来，光禄吟台最负盛名，保留有宋至清时期的摩崖题刻多处。

位于光禄坊中段北侧的是刘家大院，自西而东4座并列：东从道南祠，西至早题巷，南临光禄坊大街，北靠大光里，总面积4500多平方米，是福州规模最大的单姓宅院。

刘家大院坐南朝北，建筑尺度和用材也很惊人：前后檐下的廊檐石又长又宽，梁柱等结构构件硕大，天井里的石勒脚很多都是用整块的大青石砌筑而成，充分体现了南方建筑灵动通透的特点，也彰显出一种稳重和大气的气势，展示了刘家的富足和气派。

杨桥巷是七巷中最北的一条巷。杨桥巷古名为登俊坊，因向西能直通杨桥而更名。

杨桥巷南有座"双抛桥"，虽然规模不大，但是有很多动人的传说故事。

双抛桥地处内河沟道，是东、西两水相交汇的地

■ 三坊七巷的石盆

■ 三坊七巷老宅内的天井

隔扇 也称格扇、长窗，是用木做成的柱与柱之间的隔断窗，周围有框架，中间划分为花心、绦环板、裙板等五道，可透光通气。根据建筑物开间的尺寸不同，每间可安装4扇、6扇或8扇隔扇。

方，能够感受到"万里潮来一呼吸"的内河奇观。

在双抛桥边两岸相向的地方，长有两棵榕树，在空中枝叶交汇，相拥成荫，有青年男女殉爱的凄美故事，传之久远，因此后人都说不清是先有了这两棵树，再有了这座桥，还是先有桥后有树了。

安民巷位于黄巷南，隔着南后街与文儒坊相对，曾名为锡类坊，后改名为安民。据说还与黄巢入闽有关。传说黄巢率军进入福州之后，第一件事就是出台安民政策，人们感激黄巢，就将他下发命令的巷子命名为安民巷。后来居住在巷内的人家多为社会贤达，巷内西侧的民居旧宅仍保留了原始的匀称格局和古朴的风韵。

鄢家家宅就位于安民巷的南侧，建于清乾隆年间，原为"鄢氏太澄公宗祠"。家宅坐南朝北，四面围墙，占地面积1425平方米。

主厅前廊有小门直通西院花厅，一进大花厅是精华所在。客厅房间全用楠木建成，精雕落地门，尤显富丽堂皇。房前有一个小厅，缀以配着花窗的隔扇，厅前的轩廊有卷棚装饰屋顶，悬钟和雀替上刻有花果，造型独特。

轩廊前有一对用青石为基的大柱，四周刻有蝙蝠图案。廊下为条石天井，铺就得十分平整，西墙设有两层石制的几案式花架，专供摆设花盆。

天井西侧栽种了一棵百龄的洋桃树，恰似一个大型的盆景摆放在那。东墙角为一座木构的半边亭，小巧玲珑，里面有3座小型的花篮式悬钟，钟身雕刻的花纹细腻精美。

塔巷曾名修文巷，后来宋朝知县陈肃将名改为兴文巷。人们因为此巷内建有阿育王塔而称为塔巷。此塔位于巷的北端，被视为福州文运兴盛的象征。

塔巷西段的北侧为汀州会馆，贯穿塔巷和郎官巷，始建于清初，乾隆、嘉庆年间都曾进行过修葺。会馆四面围有围墙，坐北朝南，总占地面积为2000多平方米。会馆主楼前后三进，临街有6扇大门。首进

穿斗式　用穿枋把柱子串联起来，形成一榀榀房架，檩条直接搁置在柱头上，在沿檩条方向再用斗枋把柱子串联起来，从而形成了一种整体框架。一般这种木构架形式在我国的南方地区应用比较普遍。

■ 三坊七巷中的安民巷

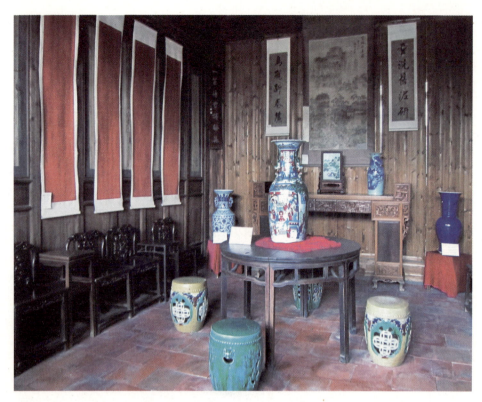

■ 三坊七巷的老宅厅堂

建筑三面环廊，廊下大天井均用大条石铺砌。厅堂面阔3间，进深7柱，穿斗式木构架。

主楼东侧为花厅，石门框内设卷书形关合窗，前天井上使用玻璃天窗，既利于采光，又可防雨。后天井内鱼池、假山、雪洞等一应俱全。

尤其是园林内的假山、花木布置精巧，灰塑的佛像如弥勒、观音等形态逼真，惟妙惟肖。

郎官巷在杨桥巷南，位于南后街的东侧。因宋朝时期的郎官刘涛居住在这里，后世子孙又皆为郎官，所以称为郎官巷。

位于郎官巷的西段有一书屋，名为二梅书屋，是道光年间丙戌进士林星章的宅院，因院内种植有两棵梅花树而得名。二梅书屋始建于明末，清道光、同治

郎官 秦汉时期郎官属郎中令，员额不定，最多时达5000人，有议郎、中郎、郎官第侍郎、郎中四等。以守卫门户、出充车骑为主要职责，随时备帝王的顾问和差遣。魏、晋时除尚书郎中，又有秘书郎、著作郎、黄门郎等。唐六部以郎中、员外郎为司官。历代沿置。

年间曾经进行过大规模的修复。

书屋坐南朝北，前后、左右共五进，占地约为2500平方米，自郎官巷可以直通塔巷。大院朝街共有6扇大门，厅堂正间用彩金插屏门分隔前、后两厅。

两侧厢房的窗棂用木格纹编缀成各种纹饰，门扇、窗扇、壁板等全部用楠木雕刻绘制而成，十分珍贵。各个房屋之间以围墙相隔，过道露天的地方都建有亭阁遮雨。

二梅书屋前栽种了两棵梅花树，自成院落。二梅书屋的东侧有灰塑雪洞，名为"七星洞"。

门窗都采用双层漏花，冬夹窗纸，夏蒙窗纱，壁板、门扇上部的堵板上有漆画的树木花鸟和戏剧故事。厅前的小花园中建有两座古亭，其中一座是六角半边亭，并伴有一棵百年的荔枝树和一棵棕树。

林文忠公祠建于1905年的光绪年间，是林则徐的后裔及乡贤为了纪念林则徐，在奏请朝廷恩准后而修建的专祠。

林文忠公祠包括牌楼门、仪门、御碑亭、树德堂、花厅、云左阁和园林等，是一座具有晚清福州风格的古典园林式祠堂建筑。

窗棂 即窗格，也就是窗里面横的或竖的格。窗棂上雕刻有线槽和各种花纹，构成种类繁多的优美图案。透过窗子，可以看到外面的不同景观，好似镶在框中挂在墙上的一幅画。它是我国传统建筑中最重要的构成要素之一，成为建筑的审美中心。

■ 三坊七巷内的塔巷

乡约碑靠近文儒坊口，碑上刻有碑文：

> 坊墙之内，不得私行开门并奉祀神佛、搭盖遮蔽、寄顿物件，以防疏虞。三社官街，禁排列木料等物。光绪辛巳年文儒坊公约。

从落款来看，这个公约是在1881年的光绪年间订立的，旨在奉劝坊内的人们注意文明，保护坊巷。

这是福州古坊巷中仅存的一通乡约碑，在全国实属罕见，或许正因为有了它，坊巷内的人们才将这些建筑保护得特别完好。三坊七巷内保存了200多座建筑，是我国不可多得的"明清建筑博物馆"。

福州三坊七巷的形制以民居为主，商铺极为少见，在坊巷的出入口处建立了封闭的高墙，并立碑约束居民的行为，因此被称为"城市里坊制度的活化石"。

阅读链接

五代后周时期，燕山府有个叫窦禹钧的人，最初心术不正，经常坑害乡里，过而立之年却无一子。

后梦见已故父亲怒斥自己，说自己的恶行已经触怒天帝，惩罚他命中无子，并且短寿。训诫他要广积阴德、回转天意。

窦禹钧这时才幡然醒悟，开始修身养性，广做善事，重新做人。后来，他接连生有仪、俨、侃、偁、僖5个儿子。他谨记祖训，教导儿子们仰慕圣贤，刻苦学习，为人处世，不愧不怍。

结果，他的5个儿子都品学兼优，先后登科及第，出侯入相，人皆称之为"五子登科"。

南后街及坊巷特色

　　福州的三坊七巷不仅仅是有3条坊和7条巷，还有一条闻名遐迩的南后街。南后街西起杨桥路口，南至吉庇路，全长1千米左右，是福州三坊七巷的中轴所在。在南后街的东侧有7巷，西侧有3坊，是福州主要的商业街，由北到南路面商贾云集。

　　这里不仅有提供柴米油盐和日常生活所需的店铺，而且专为文人

南后街石牌坊

悠远的古街

■ 南后街上的花灯

灯市 从唐代开始，每年的农历正月十五夜都会张灯，至宋代时达到极盛。自腊月末至正月初，民间已有各种奇巧灯彩应市，被称为"灯市"。后世相同，直至近代。是元宵节前后张设、悬售花灯的地方。明代田汝成的《西湖游览志余·熙朝乐事》中就有灯设市的记载。

服务的刻书坊、笔墨店和裱褙店，还有元宵、中秋两节的灯市。

> 正阳门外琉璃厂，
> 衣锦坊前南后街。
> 客里偷闲书市去，
> 见多未见足开怀。

这首诗将南后街比为北京正阳门外的琉璃厂，充分展现了南后街的文化风貌。明清时期的南后街依旧延续着"粉墙黛瓦石板路"、两旁铺面林立的热闹街市景象。后来，人们将路面拓宽，改成了柏油马路。

南后街的花灯始于宋朝，兴盛于明清时期。花灯具有观赏、祈求吉利和增添喜气的作用，所以深受人们的喜爱，传承千年而不败。

早在宋代，福州的花灯就很有名了，据宋代的《武林旧事》记载，福州用纯白玉镶嵌的花灯"晃耀夺目，如清冰玉壶，爽彻心目"，在入京参展的花灯中被列为上品。当时全国各地都有制作花灯的作坊，而苏州和福州的花灯最好，福州更在苏州之上。

最初的元宵节花灯，是官府为表示"与民同乐"而举行的民间灯展活动。明代学者王应山的《闽大记》中有"沿门悬灯，通宵游赏，谓之灯市"的记载。

福州素有送灯的习俗。因"灯"与"丁"在福州方言中是同音，送灯意为"添丁"。有了需求后，也就有了灯市场，南后街就是制作和售卖春节花灯的最大集市。

早年福州女儿出嫁，不论有无生育，娘家都得送灯，没生育就送"观音送子"灯或"天赐麟儿"灯。孩子出生的第二年就送"孩儿坐盆"灯，第三年以

■ 南后街得元宵灯会

■ 三坊七巷居民家中的花灯

后送"橘"灯，有几个孩子就送几盏，一直送至小孩16岁为止。有的生两个送3盏，多的一盏叫"出头灯"，希望小孩子出人头地。

居住在宫巷的清嘉庆举人、林则徐好友杨庆琛的《榕城元夕》竹枝词对此有生动的描写：

天赐麟儿绘彩缯，新娘房中霞光增。
宵深欲把金钗卸，又报娘家来送灯。

南后街的灯市旧俗从正月初三开始，直至十五闭市，其中以初八至十二最为热闹，民谚有"元宵只看初八灯"之说，因正月十三夜是"上纸盲"，也就是"花灯"的意思，娘家人送灯必须赶在十三前。元宵之夜大人为孩子点燃花灯，加入邻里儿童的迎灯队伍中，每年的元宵夜成了儿童的欢乐之夜。

麒麟 亦作"骐麟"，简称"麟"，是我国古籍中记载的一种动物，与凤、龟、龙共称"四灵"，是神的坐骑，古人把麒麟当作仁兽、瑞兽。雄性称麒，雌性称麟，明代郑和下西洋带来了长颈鹿后，又用来代指长颈鹿。常用来比喻杰出的人。

南后街以前有好几家专制花灯的店铺，大多是家传手艺，由于花灯的买卖只有正月这几天，平时只做一些大户人家悬挂的大球灯、用于寺庙悬挂的大灯笼或迎神用的"高照"、丧事用的"百子千孙"、照明的小灯笼和用于节庆的舞龙灯等。

制作花灯的材料有纸、布、竹、木等，有西瓜灯、莲花灯、菜头灯、橘子灯、绵羊灯、猴子灯、关刀灯、麒麟灯、状元骑马灯、观音送子灯等。

扎灯艺人还根据需要，制作一些精致的花灯，选用纱、绸、缎、绢、玻璃等制作宫灯、走马灯、壁灯和各式挂灯，品种丰富，雅俗兼备，玩赏并收。形形色色的花灯为人们增添了喜气和吉祥。

从建筑空间的角度来说，三坊七巷在中轴线上的主厅堂比我国北方的厅堂要高、要大、要宽，和其他廊、榭等建筑形成高低错落、活泼而又极富变化的空间格局。

榭　我国园林建筑中依水架起的观景平台，平台一部分架在岸上，一部分伸入水中。榭四面敞开，平面形式比较自由，常和廊、台组合在一起。多建于水边或者花畔，借以成景，一般开敞或设窗扇，以供人们游憩和眺望，水榭则主要三面临水。

■ 南后街的西瓜灯

■ 南后街店铺

漏花窗 俗称花墙头、花墙洞、漏花窗、花窗，是一种满格的装饰性透空窗，外观为不封闭的空窗，窗洞内装饰着各种漏空图案，透过漏窗可隐约看到窗外景物。也是构成园林景观的一种建筑艺术处理工艺，通常作为园墙上的装饰小品，江南宅园中应用很多，具有十分浓厚的文化色彩。

为使厅堂显得高大、宽敞、开放，一般都在廊轩承檐的檩木上再加一根，以便协助承檐承重，一般采用粗大而长的优质硬木，用减柱造的办法减少厅堂前的障碍，这在我国的建筑中是非常罕见的。

除此之外，三坊七巷的建筑在围墙、雕饰和门面上也都具有鲜明的特色。

三坊七巷民宅沿袭了唐末分段筑墙的传统，基本上都保留了由高砖、后砖或土筑的围墙。

墙体随着木屋架的起伏呈现流线状，翘角伸出宅外，形似马鞍，俗称马鞍墙。墙只作为外围，承重作用全在于柱。

在江南的建筑中，大部分是呈90度角的直线构成阶梯形的山墙，在福州很罕见，三坊七巷民居的马鞍墙就是曲线形的马鞍墙。

一般为两侧对称，墙头和翘角有泥塑的彩绘，形成福州古代民居独特的墙头风貌。

在建筑装饰方面，三坊七巷最具特色的大概就是门窗扇上的雕饰了。普通居民的梁柱简洁朴实，不加修饰，但是在门窗扇雕饰上却煞费苦心。

窗棂制作的精致，镶嵌木雕的华美，在其他地区是难以企及的。

窗饰有卡榫式图案漏花的，有纯木雕式窗扇的，也有两者相间使用的，是江南艺术的集大成者。

在卡榫式漏花窗中，工匠通过精心编排，构成不同的装饰效果，分为直线型、曲线型和混合型。直线型卡榫式漏花疏密有致，曲线型富有动感，混合型则变化多端，并各自有其吉祥的寓意。

在木雕式窗扇中，有透雕，也有浮雕，题材有飞禽走兽，也有人物花卉，窗扇雕饰有对称式也有不对称式。如文儒坊尤恒盛的明代古宅，在二进厢房的门窗隔扇上，就透雕了较复杂的瓶花图案，花瓶寓意住居平安。

涤环板上是浅浮雕的花开富贵。这些精美的花窗

浅浮雕 与高浮雕相对应的一种浮雕技法，所雕刻的图案和花纹浅浅地凸出底面，其中落地阳文和留青也属于这一类。这种技法流行于清代晚期，在刻字等方面尤为常见。浅浮雕起位较低，形体压缩较大，平面感较强，更大程度地接近于绘画形式。

■ 三坊七巷建筑中的特色窗饰

三坊七巷的闽都民俗文化大观园

雕饰，充分显示了福建民间工匠的高超技艺。

三坊七巷建筑门的处理也极具特色，约有两种。一种是在前院墙的正中，由石框构成的与墙在同一个平面上的矩形师门；另一种则是两侧马鞍墙夹着屋盖形成较大的楼，像沈葆桢家宅等都采用这种门楼。

街两边的三坊和七巷大多保持幽巷深宅风貌，成为人们心目中闹中取静的黄金地段，每天都吸引着人们前来驻足停留。

阅读链接

北宋元丰年间，官府为粉饰太平，下令福州城中的百姓不论贫富，每户必须在元宵节捐灯数盏。

这个命令引起了居住在南后街郎官巷的学者和诗人陈烈的极大愤慨。

陈烈为人正直，学识渊博，与当时著名的理学家陈襄、国子监祭酒郑穆以及名儒周希孟被人合称为"海滨四先生"。

陈烈认为这项举措不顾民生，劳民伤财，就跑到"威武军门"的城楼上，持笔写下"富家一盏灯，太仓一粒粟，贫家一盏灯，父子相聚哭，风流太守知不知？犹恨笙歌无妙曲"的话语，道出了百姓的心声。福州太守刘谨看到后，羞愧难当，当即收回了成命。

中国华尔街

平遥南大街

平遥南大街创建于1856年，又称明清街，是山西平遥古城对称式格局的中轴线，并以古市楼贯穿南北。南大街是明清时期平遥古城最繁华的贸易中心，也是平遥古城历史文化遗产的精华所在。

南大街保留了我国传统的格局和独特的历史风貌，两侧存有大量独具明清风格的"前店后寝"式传统老字号和古民居建筑。南大街在当时控制着清朝百分之五十多的金融机构，被誉为中国的"华尔街"。

造就古城制高点的市楼

平遥古城墙

我国上古帝王舜在位时，古陶地隶属于并州。大禹治水后划分在冀州范围之内，之后几度变更。西周时古陶地为并州属地，春秋时属于晋国，战国时又属于赵国。秦始皇统一我国后，废封国制而实行郡县制，设古陶地平陶为县，属太原郡管辖。

北魏太武帝拓跋焘时期，因避自己名讳，就将平陶县改为平遥县。此后，平遥城作为县治的所在地，经唐、五代、北宋、金、元、明、清历代，一直沿袭，从未变更。

在明朝中叶，平遥商业繁荣昌盛起来，初步形成了商业街的规模，沿街店铺鳞次栉比，密密麻麻。

店铺多为前店后寝式的四合院或多进院建筑，铺面多采用双坡硬山顶式，青砖青瓦，木结构板门上装饰着油饰彩画，高高悬挂着店铺的老字号牌匾、宫灯和商幌等，装修豪阔，雕饰精美，布局严谨，尊卑有序。

1688年，康熙皇帝对位于这条商业街中心的市楼进行了整饬，重修之后的市楼高高耸立，雄踞全城。因为市楼东南脚下有水井一眼，世传"井内水色如金"，所以市楼也被称为金井楼。

市楼早先起着管理整个市场的作用，是平遥的中心和制高点。

市楼是一座三重檐木构架的楼阁，高18.5米，木构为清式常例。底层面阔进深各3间，占地约133平方米。平面呈方形，南、北向为通道，东、西筑砖石台基，连接民宅。

■ 平遥南大街上的金井楼

名讳 出现在我国古代的一种独特的语言现象。遇到君主或尊长者时，不但不能直呼其名，而且在书写的时候也不能使用这些字，于是只能用改字、改音或减少字的笔画等方法予以回避，也称避名讳。

神龛 是放置道教神仙的塑像和祖宗灵牌的小阁。神龛大小规格不一，依祠庙厅堂宽狭和神的多少而定。大的神龛有底座。祖宗龛无垂帘，有龛门。神佛龛座位不分台阶，依神佛主次，进行前中后、左中右设位，祖宗龛分台阶依辈序自上而下设位。

东、西两侧各有一道券门，平板枋连接，上施斗栱，平座斗栱为五踩重翘，平身科两攒，角科有附角斗，厢栱做成鸳鸯交首栱。

市楼二层是一条平座筑廊，前后隔扇门装修，内施楼板，设神龛，南面供奉关圣大帝，北面祭祀观音大士，另有奎星为赔祀。两侧墙壁上有大量的彩绘，讲述的是和关羽相关的故事。

市楼屋顶装天花板，上层檐下斗栱七踩，平身科三攒，皆出翘。

楼顶用黄绿彩色琉璃瓦铺盖，花纹南呈"囍"字，北成"寿"字，背梁两端和正中用铁制构件代替琉璃瓦尾和宝瓶，异常精美。

市楼为市井装点性建筑物，楼下存放着清朝石碑11通，楼上存铁钟一座。

■ 夜晚的金井楼

市楼高耸在古城中央，与城东清虚观、大成殿等高大建筑遥相呼应，对应于城中大片平缓的灰色民居屋顶，一同构成了古城起伏变化的优美轮廓。

从东、南两侧跨砖拾级而上，中层沿平座走廊环绕成一圈，可以凭栏远眺全城的景色，人流车行和店面屋瓦尽收眼底，让人不觉胸襟开阔，诗兴大发，正如清代诗人赵谦德所说：

揽山秀于东南，挹清流于西北，仰视烟云变幻，俯临城中之繁华。

■ 金井楼上的匾额

阅读链接

市楼的南面东侧有一口井，传说是市楼的气眼，每逢雨过天晴，日光投映，水色如金，故称"金井市楼"。

传说，孝义城内有座中央楼，楼底下有辆金轿车，一个南方人看到之后就起了歹心，听说想取走金车必先到平遥市楼下拉来金马驹才行。

于是，南方人来到平遥古城买通店主，相约南方人下井，以锣声为信号，锣声一响，店主就拉绳将南方人吊上来。可是南方人刚下井锣就响了，店主使劲儿往上拉绳子，突然他看到了一双龙头，气势很凶，当即就晕了过去。金马驹吃了贪婪的南方人的故事，一直流传。平遥古城市楼下金井的金马驹没有被盗走，保护着这一方百姓的风水旺盛，所以明清街一直都是车水马龙，生意兴隆。

店铺范例的协同庆钱庄

　　1856年（咸丰当政），建设了平遥南大街，南大街全长690米，既是平遥县的中心，也是平遥县当时最为繁华的商贸中心。

　　当时，平遥县已经发展成为一个由南大街、北大街、东大街、西大街、城隍庙街等组成的商业集中地，一直都有"四大街、八小街、

平遥古城建筑

■ 平遥南大街上的
商铺旧址

七十二条蚰蜒巷"的说法，而南大街就是其中的四大街之一。

　　至清朝商业鼎盛时期，南大街上的店铺种类几乎包含了各个行业，其中有钱行、当铺、粮行、木器行、货栈旅店、麻布行、颜料行、烟业、鞋帽业等，一时间，南大街风靡朝野内外。

　　后来，平遥以南大街为中轴线，遵循"左文庙、右武庙、左城隍、右县衙"的格局进行发展建设，所以也可以说南大街是平遥全城的脊梁。

　　随着西方文化不断进入我国，南大街的部分店铺也随之改为洋式门面，但大多店铺还保留了原有的传统建筑结构。

　　历史上有名的协同庆钱庄、黄酒老字号"长升源"等店铺的旧址仍然安静地矗立在街道的两侧。这些店铺的东家是商战中的强手，他们因创立非凡业绩

当铺 旧称质库、解库、典铺，也称质押，是按借款人提供抵押品的价值打折扣，然后贷放现款，定期收回本金和利息的一种方式。当户大多是贫苦百姓，当价一般不超过原价的一半，赎当时需付利息。期满不赎，便由当铺变卖。

而声名显赫，世代传颂着他们作为晋商的公绩。

位于平遥南大街路西的协同庆钱庄于1856年创立，是由榆次王姓和平遥米姓共同投资开设的大钱庄。最初设资本36 000两白银，每股3000两，计12股。中期资本为12万两，后增至24万两，同时有公积金40万余两。

协同庆钱庄占地面积约3000平方米，分号33处，遍布我国各个地区和商埠码头。协同庆钱庄具有鲜明的经营特色，一直都秉持着三个原则：一是以人为本，知人善任；二是注重资金灵活调度；三是突出重点地域经营。

协同庆钱庄是平遥规模最大的钱庄院落，其建筑也是平遥众多店铺院落中的杰出范例，前后共有自成格局但又相互联系的七进院落组成。建筑之宏伟，规模之庞大，功能之齐全，在当时的平遥商铺院落中实属典范。

钱庄的第一进院落，南、北各分布着两间账房。账房是钱庄核算管理的重地，主要完成全号财务的核算任务，承担全年的账期以及4年的大账期，最后决算分红。

具体来说，就是钱庄

■ 平遥协同庆票号

■ 平遥协同庆票号

将铜钱、碎银、杂银、整银收入成本，然后兑换各类货币的差价收入，进行存款、放款、存款利息支出、放款利息收入以及钱帖额等的职能。

二进院落是营业厅大院，营业房内的人员主要以跑街营业为主。也有客户人员上门洽谈业务的，主要是负责吸收街面商号及大户人家的存款，考察放款对象真实具备的经济业务，为钱庄放款决策提供依据。

营业房内的人员对是否放款、放长期款还是短期款、放款数量多少有重要的评价权。例如，对放款收取何种利息，一般都是由营业房的人员提出的。

旧时钱庄的利息可以分为4种，一是满加利，二是短期息，三是对月利，四是长年利。

如果按照营业人员的意见，在客户同意的情况下采取满加利的计息方法，一年分为4个标期，按标公开利率，依春标开夏标，夏标开秋标，秋标开冬标，

钱庄 我国明代中叶以后出现的一种信用机构，是银行的雏形。钱庄起源于银钱兑换，后逐渐发展为办理存放款项和汇兑的机构。不同区域的名称不同，也根据规模的不同有其他称谓，如银号、钱店等。

李宏龄 (1847年~1918年)，字子寿，著名晋商。平遥是山西票号三大都之一的根据地，其地"当四达辐辏之冲，晋商汇号聚施于斯"。李宏龄先以从商发家，后在同治年间学习钱庄经营，并积极对票号进行改革，代表了当时商人中的进步思潮。

■ 协同庆钱庄的汇通天下匾额

冬标则开次年的春标，依次循环，定下归款期内的满加利率。

这种利率实际上已经具备了市场化的利率水平，是晋商为了适应市场经济而形成的一种公平利率。

穿过二进院可以直接到达钱庄的第三进院，至第三进院为止，就可目睹平遥当地民居所习惯的"三进两院过道厅"式建筑。

三院作为上房的位置，按我国的传统来说，应该为长辈或主人居住或者是办公的地方，这里也正是钱庄掌柜、襄理办理事务的场所。

平遥乃至全国的各大商号，从来都没有像协同庆高层人物一样的情况，7位掌柜分为两代人，却始终保持着高度的团结与和睦，他们互补互助，后人不少都结为连理。

协同庆钱庄之所以出现这样的状况，是因为从该号创始起，掌柜们就注重创建和形成钱庄独特的文化

晋商票号钱庄旧址

氛围，并且一代代传承下来。

这位掌柜叫孟鸿仁，原本是蔚泰厚大票号的伙友，另一位掌柜叫陈平远，年长于他，他们在所招聘的伙友中，量才而用，知人善任，使伙友发挥了最大潜能，并最大限度地将伙友凝起来。

平遥著名的票号改革家李宏龄曾高度评价协同庆钱庄成功的事例，他说："得人独胜者，唯厥协同庆一业。"协同庆钱庄独特的用人之术，对后世具有重要的指导意义。

从侧门进去，就可以穿到协同庆钱庄第四院落。这里亭台楼阁，过桥驾建，别具风采，如同花园一般，这在商铺院落是绝无仅有的，是协同庆钱庄在外人员回籍时暂时居住的地方。议事大厅古朴典雅，墙上摘要介绍全号的战略和宗旨要则等。

四进院穿过去就是第五进院，是钱庄的金库院落。协同庆钱庄的鼎盛时期，银钱日进斗进，日出斗出，白银和制钱的流量极大。因此，金库在建立的时候费了一番脑筋。因为要考虑金库的安全、隐蔽、运输等因素，所以选择地下作为钱庄的金库。

协同庆钱庄金库

金库通往前柜有弯弯曲曲的窑道，通往后街有两处大门。金库还设有专人进行看管，铁丝网罩顶，大有"一夫当关，万夫莫开"的意味。

出金库院，就到了六进院护卫院落。钱庄的规模如此之大，安全保卫的工作自然是重中之重。

要是遇上社会动荡、信用危机严重之时，钱庄就不得不雇佣一些武艺高强的人来看庄护院了，甚至有时可以一直延续几十年。因此，六进院基本成了护卫们晨暮练习拳脚的重要场地。

穿过六院护卫院，就是达观院落，这是协同庆钱庄的第七个院落，在这个院里有人专门为普及钱币知识而设立展览馆。历代钱币，就如同一个历史镜面，不仅能够给人以启迪，而且能给人以教益。

阅读链接

有一个平遥城隍神的传说：平遥城隍神年轻气盛，可以说是无所不知，无所不能。

一次，平遥城隍神与介休城隍神下棋，平遥城隍神戏言说："我若赢你，你那位贤惠夫人就得归我所有。"

介休城隍神从心里不服，就一口答应下来。最后，平遥城隍神胜了，于是戏言一语成真，平遥城隍神没有办法，只好将介休城隍神的夫人带回，并为她营造了一个诗情画意的小环境，金屋藏娇。

在城隍庙赶庙会期间，介休城隍庙还会派人到平遥城隍庙举行一年一度的梳头仪式，这种习俗一直延续，更让人们确信了城隍神的存在。

大财主家的家具展览馆

在南大街的路西是百川通票号，票号坐西向东，南北侧与铺面相连，是南大街中最高的一个店面。百川通票号于1860年创建。

票号的东家是祁县渠家大院的主人渠源祯，渠家由家族第十四代

山西平遥百川通票号

继承人渠同海在包头、内蒙古一代经营粮油、茶叶、私盐而发家，后来发展到绸缎庄、钱庄、茶叶庄，在近一个世纪的经营中积累了丰厚的商业资本，被后人称为"晋商八大富豪之一"。

票号创立之后，为了纪念渠源祯的功劳，就用他的字"百川"来命名，于是取名为"百川通"票号，其寓意是"百川通大海，财源滚滚来，水到渠成，川流不息"。

当时的百川通设分号23处，分号遍及省内外，资本近116万两白银。票号与官员、富商连环结保，汇兑银两也以官银为主，分红利润可观，可谓是我国票号业中的后起之秀。

就在票号如日中天之时，渠源祯认为物极必反，盛极必衰，预感自己的票号很有可能会走向衰落，于是，在1902年账期分红之后，他断然将票号中所有股银全部抽走了。后来，票号出现了资金周转不灵的严重状况，百川通票号走向衰落。

百川通票号占地面积约有1300平方米，整体布局严谨、对称、封闭。

票号的装修十分考究，用料较大，不仅内容丰富，而且具有很高的艺术价值。配置有匾书"百福"和"百寿"，窗棂写有"桃榴""蝙蝠"和"寿"字的"灯笼景"，具有很明显的晚清风格。

大烟房是票号中专门为招待抽大烟的客户而建立的，里面烟榻的床脚看起来非常特别，就好像是老虎的爪子一样。

在古代，只有四品以上的官员才能够享受这种虎腿家具。从另一方面也可以看出，只有能给票号带来丰厚利润的大客户或者身居要职的官员才可以享受如此高的待遇。

在古典家具的制作中，黄花梨木、紫檀木、红木

黄花梨 又称海南黄檀木、海南黄花梨木。是明清时硬木家具的主要用材，以心材呈黄褐色为好。其纹理或隐或现，色泽不静不喧，被视作上乘佳品，备受明清匠人宠爱，尤其文人、仕大夫之族对黄花梨家具赞不绝口，可称为世界家具艺术中的珍品。

■ 平遥古城建筑

悠远的古街

等都是十分珍贵的木材，这些木种比较奇缺，而且生长缓慢，数量非常有限。

至明清后期，紫檀、黄花梨已基本上绝种了，成为一种不可代替的天然价值。

在百川通票号的账房内，靠墙的高脚条几乎都是铁力木所制，铁力木的木质坚硬，成材之后树干高大，所制作的一般都是大件家具，账桌为黄花梨木所制，为明代做工，不仅看起来简洁大方，而且可以突出木质本身的纹理之美。

在木器古董中有一个行业术语叫"皮壳"，指的是家具外面的包浆，这种浆通常是一层玻璃质，非常柔和，并且颜色具有一种苍老感，而账房内的账桌历经使用，光泽鲜亮，非常罕见。

银窖是票号中的藏银重地，虽然陈设质地一般，造型简单，但是其中的每一件都是经过精心设计的。

银窖里的银箱是票号中存放流动资金的地方，整个设计主要体现一个"巧"字，别看表面的面积并不大，但是在侧面设有小抽屉，打开银箱盖之后，就可以看到一个很大的空间。

这种层层设格的方法，不仅体现了银箱的实用性，还突出了它的保险性。

在我国家具史上，不同地区根据自己不同的背景和生活方式，形成了独树一帜的风格，出现了苏式家具、广式家具和京式家具等。

清朝后期，山西商人的富足和深宅大院的修建，促进了晋派家具的出现。晋派家具多以核桃木为原料，虽没有紫檀木、红木那样名贵，但它是山西特有的木种，具有地方特色，银窖内的罗汉床就是一个典型。

罗汉床集床与箱为一体，上部为床，下部为床箱，床箱用来藏银，设有暗锁，上面铺上床垫，以掩人耳目，可以说是万无一失。里间还有一个地柜，将

包浆 古玩行业中的专业术语，是以物品为载体的一种岁月留痕。文物表面由于长时间氧化就会形成氧化层，后来由于灰尘、汗水、把玩者的手渍、土埋水浸、经久摩挲、空气中射线的穿透等层层积淀，逐渐形成的表面皮壳。其幽光沉静，显露出一种温存的旧气。

■ 平遥南大街票号的院落布局

■ 平遥古城观风楼

上面的抽屉抽掉后，下面的木板也可拆开，可以存放很多银两。

中厅和贵宾厅是票号中接待客户、洽谈商务事宜的地方。为了体现出自己的身份与地位，财东不惜代价来营造厅堂的气氛，除了建筑本身之外，家具就是主要的装饰和摆放手段。

厅内的红木穿衣镜和两边的博古架均取材于紫檀木，为京式家具的风格，这种家具在文饰题材上多采用博古纹。博古架上有牡丹、荷花和瓶子，寓意着富贵与和平，而牡丹、蝴蝶则有捷报、富贵之意。

在各类家具中，椅子是变化最多的，正中为两把太师椅，为明朝所制，椅背和扶手都比较高，而且椅背根据人体的脊椎骨曲线设计，坐上去会感觉非常舒服。

太师椅起源于宋朝，是我国历史上唯一以官衔命名的椅子。宋朝时期的京官为了送给太师椅子坐，就特意在交椅背上加了一个荷叶托着，因此叫作"太师椅"，顾名思义，就是官居太师的人才有资格坐，清朝中期之后才走进寻常百姓家。

贵宾厅内有张床，叫"天地长春镂花罩，夔龙足架子床"，床脸镂空雕有连枝葡萄，有天地长春之意。牡丹代表富贵，床面下部设有抽屉，可存放衣物，床侧围板上的透雕有如意和连枝兰花，有富贵如意和生生不息的意思。

并且这张床集浮雕、透雕、镂空雕、刻线等各种雕刻手法于一体，是家具中的经典之作。

佛堂里面供奉的是观音菩萨。商人讲究出门先拜佛，观音菩萨则是老百姓心中可以广度万民、普救众生的神祇。

据传，佛堂内的这尊菩萨已经供奉了上百年，深得渠家信奉。观音塑像保留着佛教中最初的塑造风格，为男儿身，女儿相，衣着打扮皆为印度风格。所

博古架 一种在室内陈列古玩珍宝的多层木架。博古架中分了不同样式的多层小格，格内陈设各种古玩、器皿，故又名为"什锦槅子""集锦槅子"或"多宝槅子"。每层形状不规则，前后均敞开，无板壁封挡，便于从各个位置观赏架上放置的器物。

■ 平遥南大街票号院落里的正房

诰封 就是诰命封赏。在明清之际，对文武官员及其先代妻室赠予爵位名号时，皇帝命令有诰命与敕命之分，五品以上授诰命，称诰封，六品以下授敕命，称敕封。诰命与敕命形如画卷，轴端一品用玉，二品用犀，三品与四品用裹金，五品以下用角。

■ 平遥南大街票号得院落局部

谓"看破世事难睁眼，阅尽人间暗点头"，这既是菩萨修行的真实写照，也是在告诫人们勿做坏事，多多行善。

家眷会客室是票号中为接待前来探亲的伙计家眷而用的，室内的家具不比中厅、贵宾厅豪华，陈设也按照寻常百姓家的格局布置，两边有核桃木制成的平面大衣柜，是清后期的作品，保留了完整的铜饰件。

会客室内悬挂着12幅条屏，是1870年同治皇帝赐予河南布政使午山方伯及其夫人许氏60岁寿诞的寿屏，内容是表彰午山方伯夫妻二人一生的丰功伟绩以及祝寿之意。

票号内悬挂了光绪皇帝特赐的"诰封二代"匾额，因为财东渠源祯的儿子渠本翘曾经官居三品，所以这里使用的是"诰封"。可以说，渠本翘是我国历史上一位集官、商、绅为一体的社会活动家。

渠本翘爱国保矿，积极投资近代商业，并兴办新学校。后来，渠本翘集多方资金从英国强行赎回山西保晋矿务公司的经营开采权，改组奴福火柴公司，捐银两万两创办了祁县女子中学等。

他所做的这些，都是靠父亲渠源祯为他奠定的经济基础才得以实现，这块匾就是赐给渠家两代人的，以表彰他们父子二人在商业和金融业中做出的杰出贡献。

在各种卧室家具中，闺房中的家具是价值较高的。梳妆台产于清代中后期，采用的是包镶工艺，里层为杂木，外层用黄花梨贴面，这样不仅可以节省很多珍贵木材，而且影响不到家具的美观。梳妆台上可以看到有白色的花状物雕饰，为象牙制品，象牙除了象征富贵和权力之外，还可以用来避邪、保平安。

闺房外间有两把椅子，椅面比较低，只有靠背，没有扶手，即小姐椅。像小姐坐这两把椅子的时候只可以坐到椅面的1／3，不可以坐

顶戴 清朝时期用以区别官员品级的帽饰，以红宝石为最高，依次为珊瑚、蓝宝石、青宝石、水晶、砗磲、素金、镂花阴文金顶和镂花阳文金顶。革职或降职就是革除或摘去官员所戴的顶子。顶子分三层，上层为金属顶，中层为球型，下层为金属底座，用所饰的珠宝数目及颜色区别。

后半部分，坐上去必须双膝并拢，将手搭在上面，正所谓站有站姿，坐有坐规。

在闺房的墙壁上还挂有一幅清代的油彩画《母子平安图》。在我国古代社会中，闺中的女子本身是没有什么地位的，只有出嫁之后生了儿子才可以提高自己的地位，所以也叫《母凭子贵图》。

闺房内的琴案，因木材上的花纹非常像鸡翅膀上羽毛的花纹，所以被人们称为鸡翅木，是一种奇缺的木材。

唐代的王维曾说："红豆生南国，春来发几枝。"这红豆就是鸡翅木的果实，所以鸡翅木也叫红豆木、相思木，是我国古代男女之间表达相思的一种信物，所以鸡翅木所制的家具一般都是闺房用品。

在百川通经营之时，渠家与当时的山西巡抚曾国荃、曾国藩以及两广总督张之洞的关系非常密切，官

■ 平遥南大街票号的内部装饰

■ 平遥南大街票号
室内的家具

商联结，百川通更是左右逢源。

　　闺房内的落地富贵穿衣镜就是渠源祯的侄孙与蔚
丰厚票号掌柜马中选的女儿结婚时，张之洞送的贺
礼，镜子下部由5条行龙盘成"福""禄"两字，人
们称之为"龙庆福禄"，雕刻工艺非常精湛，是穿衣
镜中的极品。

　　后厅是财东生活起居之所，厅内的神龛旁边放置
着一个锥形的官帽盒。一般来说，放置在这里的帽子
只有顶戴，没有花翎，是商人发家之后花钱买来的虚
官，没有实权，也不享受国家俸禄，只起到一个光耀
门楣的作用。

　　厅内墙上挂有一幅乾隆年间的八扇屏，八扇屏的
立体感非常鲜明，叫"堆菱花绣"，是用丝绸裹上蚕
丝，制成棉子，然后用五彩丝线沿边缘挑绣而成的。

　　八扇屏中间的第六条第一个和最后一个图案都

花翎　清朝官员
和贵族的一种冠
饰。武职五品以
上、文职巡抚兼
提督衔及派往西
部和北部两路
的大臣，都以孔
雀翎为冠饰，缀
于冠后，称为花
翎。除因军功赏
戴者外，离职即
摘除。花翎有单
眼、双眼、三眼之
别，品官必须奉特
赏才能戴用，一般
为单眼花翎。

平遥南大街票号的炕桌

是瓶子，代表着平安，右边的瓶子旁边是一个如意，代表"文"，左边瓶子旁边是一把宝剑，代表"武"，然后中间绣着琴、棋、书、画。瓶上插牡丹花代表"富贵"，莲花代表"纯洁"，兰花代表"高雅"，瓶下方还绣有八仙，做工面积大，全平遥仅此一幅。

后厅卧室中的床为鸳鸯床，也叫夫妻床，质地属核桃木，床脸上面镂空雕有连枝葫芦，有子孙昌盛、兴旺发达之意。床里边设小条几，条几两头为小抽屉，可存放女子头上的饰物。

墙上悬挂有衣帽钩，叫"十不闲"。它的功能非常齐全，没有衣服可挂的时候，挂在墙上也是一个完美的艺术品，不仅美观，而且实用，设计非常巧妙。

书房是文人活动的天地，文化气息非常浓厚，其中的家具在制作工艺上也要求精益求精。典型的书房家具有书桌、画案、博古架和琴桌，书房内的家具古色古香、比例和谐，实用性与艺术性完美结合。

清代家具注重采用雕嵌、绘画等手法，表现含蓄，可以说图必有意，意必吉祥。书房的博古架采用透雕和浮雕两种手法，中间抽屉上浮雕有龙纹。

在我国古代，龙纹是各种吉祥图案中代表最高的祥瑞，是神武和力量的象征，也是"帝德"和"天威"的标志，只有王爷级别的贵族才可以使用。

中厅内的太师椅制作于明朝，线条简洁，而书房内的两把清代太师椅则雕饰豪华，大面积使用了大理石，并镶嵌有贝壳，在阳光的照耀下，色彩斑斓，熠熠生辉。红色最为漂亮，财东认为这是红运当头，是吉祥的兆头。

图中这套家具保存比较完整，中间还配有一个小茶几，无论从材质年代、工艺品类以及完整各方面都有极高的收藏价值。

书房内还有一把十分特别的椅子，从侧面看，椅子本身能交叉折叠，椅面是鬃条编制的，是官员出门旅行时携带的，一般的椅子都是成双配对，唯有这种

■ 平遥南大街票号的家居装饰

椅子是单个的，用来体现自己的独一无二。

　　百川通票号经营之时日利千金，如日中天，财东叱咤商界几十年，称雄一世，令后人仰慕，而票号内的奢侈家私也足以让人身临其境般地体会到财东睿智的商业头脑和豪华的生活情趣，具有十分可观的鉴赏价值。

阅读链接

　　同治年间，渠源祯投资白银30万两在平遥县南大街开办了"百川通"票号。后来柜上存入了清朝旗人一笔3000万两的巨款，只保存银两，不要利息。

　　"百川通"大走财运，3年结账，每股分红1万余两，渠源祯每次分红10万两，连续分红3次，挣回原来的本钱后，源祯便断然将本金全部抽回。

　　商界人士十分惊讶，有人问他原因，他说："凡事乐极生悲，买卖有挣就有赔。百川通的存银是旗人的，旗人有权有势，时间一长难免要耍无赖。何况发财也要有够，差不多时就要罢手，这样股息皆得。若到亏损衰败下来就悔之已晚！"

　　果然，没过多久，百川通的生意就江河日下，一年不如一年。源祯的识见，一时在山西商界被人广传。

蕴藏丰厚的古城文化

明朝崇祯年间，在平遥城内有个叫赵聚贤的举子，家道殷实，广置良田，喜欢和文人墨客在家进行谈诗论道。

这一年，因为延误了秋种时期，所以赵聚贤不得不在所有的土地上种植糜子，没想到糜子获得了大丰收，将自家的粮仓堆得满满的了。然而糜子太多了，即使将价格压到最低进行出售，还是卖不出去。

赵聚贤可愁坏了，情急之下，他将糜子研成糯米，又将糯米加工成黄酒，经过成百上千次的研制和调配，他终于酿成了独家的黄酒。

赵聚贤将酿好

平遥古城的牌坊

悠远的古街

■ 平遥南大街夜景

廊 指屋檐下的
过道、房屋内的
通道或独立有顶
的通道。包括回
廊和游廊，具有
遮阳、防雨、小
憩等功能。廊是
建筑的组成部
分，也是构成建
筑外观特点和划
分空间格局的重
要手段。我国古
代建筑中的廊常
配有几何纹样的
栏杆、彩画；隔
墙上饰以什锦灯
窗、月洞门等各
种装饰构件。

的黄酒装瓮下窖，两年之后打开，香醇扑鼻。除了招
待友人和自家饮用之外，还有很多剩余。于是，他听
从朋友的建议，开了一家酒铺，出售黄酒，并取名为
"聚升源"，以求顾客盈门，生意兴隆，财源广进，
源远流长。

赵聚贤的黄酒保存时间长，酒味醇正悠长，入口
香、甜、绵，深受顾客喜爱，生意也越来越红火。

尽管中途更换了好几个掌柜，大师傅也几度变
更，但始终秉承着赵聚源提出的"严求其质，微求其
利"的原则，经营了好多年都口碑甚好。时间一长，
竟然有人将"若要富，开久铺"的俗语更变成了"若
要富，开酒铺"。

聚升源创办初期，以酿造黄酒和制作糕点为主，
后来开始制作炉食，号称"炉食黄酒铺"，并闻名于
全国。光绪年间，慈禧太后经过平遥，饮用过后大加
赞赏，特赐名"长升源"。

长升源黄酒是以平遥所产的黄色糯米特酿而成的，有着糯米酒的别称。长升源的黄酒，香味浓郁醇厚，酒性温和，老少皆宜，既可以用来当作烹饪时的理想作料，也可以起到活血化瘀、养血补血的功效，对老人及产后妇女有着滋补的作用。

长升源店铺前后为二进院，规模不大，却保存完整。临街铺面7间，明间开门，分为上、下两层。正中是窑洞3间带前廊，明式结构。左、右厢房各3间，前檐较深，是一处典型的四合院民府铺面，极具明清时期的建筑风格。

平遥南大街经过历代的不断发展，逐渐形成了北起东、西大街街接处，南至大东门，以古市楼贯穿南北的平遥古城最繁华的商业中心，成为平遥古城历史文化遗产的精华之一。

南大街逐渐成为正对南门迎薰门方向的南北大街，它与东面的东城墙和西面的沙巷街不但平行，而且距离相等。

古代"寻龙点穴"的"金外"就在这条街上，"金片古楼"横跨街心。南大街逐渐成为平遥古城的脊梁，蕴藏着丰厚的古城文化精髓。

■ 平遥南大街上的昌义和老店

经过多年发展建设，南大街逐渐成为南起兴国寺门前，北至东、西大街的衔接点，全长738米。两旁高屋连脊，密排着78座古店铺，众商云集，招幌如林。

在兴国寺门前，在北上鸡

市口的道路两旁，建筑物井然有序。有久享盛誉的老字号翠成海炉食铺，生意十分兴隆。

平遥南大街历史上在政治、经济、文化等方面有过重要影响，发生了许多重要的历史事件，有代表性的传统产业能集中反映地方、民族的风貌特色和文化要素，拥有鲜明的历史文化特色。

平遥南大街文物古迹、历史建筑保存丰富，保留了较完整的传统格局和独特的历史风貌，具备一定的规模和经济文化活力。

阅读链接

光绪年间，慈禧太后和光绪皇帝在出行的路上，她禁不住舟车劳顿，患了风寒，精神萎靡，腹中胀满，不思饮食。

路过平遥的郭氏"聚升源"时，她食用了店中的黄酒、点心之后，顿感风味清长，全身的不适之感顿时化为乌有。

慈禧太后不禁连连称赞，还顺便询问起酒店的名号来，并且特赐一个"长"字送给酒家，从此，"聚升源"便改名为"长升源"，名声因此大振。